# HOW TO MAKE THE BEST COFFEE AT HOME

# 最高に
# おいしい
# コーヒーの
# 淹れ方

バリスタチャンピオンが
ホームバリスタに教える
秘訣と楽しみ

**著** ジェームズ・ホフマン

**監修** 井崎英典　**訳** 牛原眞弓・酒井章文

ベス、ライラ、セオへ

First published in Great Britain in 2022
Under the title How to Make the Best Coffee at Home
by Mitchell Beazley, a division of Octopus Publishing Group Ltd
Carmelite House, 50 Victoria Embankment
London EC4Y 0DZ

Text Copyright © James Hoffmann
Copyright © Octopus Publishing Group Ltd 2022

All rights reserved. No part of this work may be reproduced or utilized in any form or by any means, electronic or mechanical, including photocopying, recording or by any information storage and retrieval system, without the prior written permission of the publisher.

The right of James Hoffmann to be identified as the author of this Work has been asserted in accordance with the Copyright, Designs and Patents Act 1988.

Japanese translation rights arranged with
Octopus Publishing Group Ltd., London,
through Tuttle-Mori Agency, Inc., Tokyo

# CONTENTS

はじめに 6

1 おいしいコーヒー豆の買い方 8

2 おいしいコーヒーに必要なもの 36

3 コーヒーのテイスティング 68

4 おいしいコーヒーの淹れ方 84

5 アイスコーヒーとコールド・ブリュー 130

6 おいしいエスプレッソの淹れ方 144

索引 220

謝辞 223

# はじめに

　1杯のコーヒーは、そのカフェインで頭をシャキッとさせたり、仕事の活力源になったり、社交の潤滑油であったり、あるときは必需品、あるときは贅沢品とされたりと、さまざまな可能性を秘めています。コーヒーは、驚きに満ち、愉快で、美味で、あなたの心を世界じゅうへ運んでくれるでしょう。しかも、とても楽しいのです。

　コーヒーは十数か国で生産され、あらゆる国で飲まれていて、さまざまな文化に溶け込んでいます。熱帯にある灌木（かんぼく）の果実の種を焙煎（ばいせん）して細かく挽（ひ）き、抽出して飲むことは、とても人間らしい行為なのです。

　ここ数十年にわたるスペシャルティコーヒーの流行によって、コーヒーは少し面倒で、本格的で、もったいぶっていて、勉強しなければ楽しめないものと思われるようになってしまいました。本書では、おいしいコーヒーのさまざまな特徴を紹介しますが、その目的は、何よりも楽しむことにあります。みなさんも私も、それを忘れないようにしたいですね。

　みなさんにお伝えしたいのは、コーヒーをおいしくする秘訣（ひけつ）、しかも、飲んだとたんにはっと驚いて、楽しくなるようなコーヒーを淹（い）れる秘訣です。毎日でなくても、ときどきそのとおりにコーヒーを淹れれば、朝のぼうっとした脳を起こしてくれる、穏やかで快い液状のスイッチになるでしょう。そんなコーヒーが欲しいと思う朝が、誰にでもあるのですから。

# おいしいコーヒー豆の買い方

　おいしい生豆なくしておいしいコーヒーはありえないと、みなさんは何度も耳にするはずです。どんな技術や器具を使っても、その豆の限界は超えられません。とはいえ、どのような豆が「よい」のかについて、はっきりした基準はないのです。スペシャルティコーヒーの定義はありますが、誰もが同じようなコーヒーを飲むべきだというわけではありません。愛好家にとって、コーヒーの楽しさはその多様な風味にあります。

　スペシャルティコーヒー業界は最初、壁に突き当たりました。「もっとおいしい」コーヒーを飲むべきだと宣伝したためです。当然ながら人々は、自分たちがこれまで買って飲み、それなりに楽しんできたコーヒーがよくないと言われているように感じて、気分を害しました。

　それなのに、私は本書で同じことをしようとしています。ただし私が伝えたいのは、あなたがいま、どんなコーヒーを飲んでいようと、きっともっと楽しめる方法があり、少し学ぶだけで大きな満足感を得られるようになるということです。要するに、驚くほどおもしろくなるのです。この章では、コーヒー豆を安心して試せるように、購入のプロセスを詳しく説明します。知っておけば、いつもと違うものを買ってみたら気に入らなかった、というようなことにはならないでしょう。また、コーヒー豆の購入にまつわる迷信や誤解から解放されるはずです。

# 鮮度

おいしいコーヒー豆を手に入れる最大の秘訣は、「新鮮なほどいい」ということです。

「挽きたてのコーヒー」や「淹れたてのコーヒー」という言葉をあちこちで見かけます。コーヒーは保存食品ではなく生鮮食品だと思う人が増えたのは、すばらしいことです。コーヒー豆は他の生鮮食品と比べて劣化が遅いので、数年置いておいても大丈夫だと言う人もいます。でも、支払ったお金を無駄にしたくないなら、新鮮なうちに飲むことです。では、コーヒーがどれくらい保存可能かを話す前に、どのように味が落ちるかについてお伝えしましょう。

揮発性物質がなくなる──揮発性物質とは、揮発性芳香族化合物のことです。香りや風味として嗅球(きゅうきゅう)(72ページ参照)で知覚されます。コーヒー豆が古くなると、かなりの風味が空気中に逃げていきます。良質な包装によって劣化を遅らせることはできますが、時間の経過とともにニュアンスや風味、満足感が消えていきます。

風味が悪くなる──残念ながら、コーヒー豆に含まれる化合物は不活性ではありません。時間がたつと、これらの化合物は互いに反応し、新しい化合物が形成されます。必ずというわけではありませんが、多くの場合、これらの新しい化合物はもともとあったものよりも好ましい風味ではなくなります。

酸敗──コーヒー豆には脂肪や油といった脂質が含まれており、それらは酸敗しやすい性質を持っています。酸素によって酸化したり、湿気によって脂肪が分解されたりするのです。いずれにしても、酸敗によってどんどん嫌な匂いがするようになります。深煎りの場合、豆の表面に油が多いので、空気や湿気と反応しやすく、より早く異臭を放ちはじめます。

さらにもう一つ付け加えておきます。それほど風味を損なうものではありませんが、鮮度について話すのであれば、理解しておいたほうがいいでしょう。

脱ガス──コーヒー豆の焙煎中には、多くの化学反応が起こります。それによって豆が茶色くなり、すばらしい風味がいくつもつくられるのです。副産物として炭酸ガス(二酸化炭素)が発生しますが、それはかなりの量になります。1kgの豆を焙煎すると、約10Lの炭酸ガスが生じます。豆に含まれていたガスの多くは焙煎中に放出され、焙煎後も、数時間かけて出ていきます。包装される頃にはかなり減少しますが、それでもまだ、コーヒーを淹れる際に大きく影響するほど、炭酸ガスが残っているのです。

そのため、コーヒー豆が「新鮮すぎる」ことがあります。エスプレッソマシンを使う場合は特にそうです。挽いた豆に湯が触れると、閉じ

配送時間も短くなったため、オンライン購入のコーヒー豆は新鮮すぎることが多くなりました。最高の味を楽しむには、少し寝かせるほうがいいでしょう。これをコーヒー豆の「エイジング」と呼びます。では、どのくらい寝かせればよいのでしょうか。風味が損なわれる前の絶好のタイミングはいつなのでしょうか。

### コーヒー豆と鮮度

　コーヒー豆を挽かずにそのまま保存すれば、驚くほど長持ちします。厳格なルールはありませんが、保存場所には気を付けましょう。温度管理は特に大切です。まわりの温度が高いほど、早く味が落ちます。熱のエネルギーによって劣化が早まるからです。

　エスプレッソなら、焙煎後、少なくとも7〜8日は寝かせてから淹れることをお勧めします。開封後は、正しく保存すれば2週間はおいしく飲めますが、そのあとは味が落ちていきます。2週間かけて使っていくと、抽出中にできるクレマ（細かい泡）が次第に減っていくのが見られるでしょう。クレマは、閉じ込められた炭酸ガスそのものです（154〜155ページ参照）。とはいえ、それでコーヒーがまずくなるわけではありません。

　ドリップコーヒーとして淹れるなら、焙煎後4〜5日置けばよいでしょう。焙煎後2〜3日でも、きちんと淹れれば、エスプレッソほど味への影響はありません。ただし、開封後は同じ

込められていた炭酸ガスが豆から出ていくように見えます。抽出のところで詳しく述べますが（87〜129ページ参照）、「蒸らし（ブルーミング）」の際には、挽いた豆に少量の湯をまず加え、炭酸ガスを放出させます。炭酸ガスがたくさん出ているままだと、湯に成分が移行しにくいからです。これは残念な話ですが、コーヒーは焙煎から時間がたつほど抽出しやすいのです。でももちろん、豆が古くなるほど出来上がりの味は悪くなります。

　最近は、インターネットの通販サイトで、注文に応じて焙煎したものを届けてもらえます。

く2週間以内に飲むようにしましょう。それ以降は確実に味が落ちていきます。

### 理想的な鮮度——挽いた豆

　コーヒー豆をいったん挽くと、急激に劣化が始まります。ある実験によると、挽いてから12時間後に淹れたコーヒーと新鮮なコーヒーの違いにかなりの人が気づき、挽いてから24時間後に淹れたものと新鮮なものの違いにほとんどの人が気づいたそうです。その差がどれほど気になるかはわかりませんが、違いがあるのは明らかです。新鮮なコーヒーより、挽いてから48時間後に淹れたコーヒーのほうがおいしいと思う人は、おそらくいないでしょう。

　コーヒー豆を自分で挽くことを勧めるのは、以下のような理由からです。

——すばらしい香りがするので、朝でも昼でも挽くたびに楽しい気分になれます。

——豆のままで買ったもののほうが、値打ちがあります。値段は変わらないかもしれませんが、挽いてある状態で売られているコーヒーは、一般的にあまり味がよくありません。

——自分で挽けば最高のコーヒーができます。豆の種類、抽出器具、自分の好みに合わせて、粉の大きさを変えられるからです。

　コーヒー豆を自分で挽くのは、挽いてある豆を買うより面倒かもしれません。コーヒーグラインダー（ミル）も購入する必要があります。でもコーヒーグラインダーは、キッチン用品の中でも大きな価値のある投資だと思います。コーヒーグラインダーについては、のちほど詳しく説明します（54〜60ページ参照）。

# コーヒー豆の保存

毎日使うコーヒー豆は、密閉容器に入れ、乾燥した暗所に保存するのがベストです。

いまはジッパー付きのポリ袋がたくさんありますので、それで十分です。コーヒーキャニスター（63ページ参照）もたくさん売られています。中でも真空キャニスターは少し性能がいいのですが、見た目や価格で、気に入った密閉容器を選んでよいでしょう。

冷蔵庫に入れるのは避けましょう。温度が低いので戸棚よりよさそうですし、しっかり密閉してあれば問題ないように思えるかもしれません。ところが、冷蔵庫から出し入れするときに冷えた豆の表面が結露し、劣化を速めることがあります。また、袋の口が開いていると、冷蔵庫にある他のものの匂いが付いてしまいます。

長期間保存する場合は、冷凍庫に入れるのがいちばんです。密閉して空気に触れないようにしてあれば、冷凍庫で数か月はもちます。冷凍庫から出し入れするのは、結露のもとになるのでよくありません。ただ、1回分ずつ小分けにして冷凍し、その日に必要な分だけ取り出すのが好きな人もいます。それはそれでうまくいくように思いますが、新しいコーヒー豆を買うたびに小分けにしなければならないので、かなり大変です。

# コーヒー豆を買う場所

コーヒー豆をどこで購入するかで、その鮮度と寿命が大きく違ってきます。

コーヒー豆を入手できるおもな場所三つと、それぞれの特徴についてお話ししましょう。

### スーパーマーケット・食料品店

昔から、大半の人がスーパーや食料品店でコーヒー豆を購入してきました。それが変わりはじめたのは、ここ10年ほどのことにすぎません。スーパーはコーヒー豆を常温保存が可能な食品として扱っています。コーヒー豆には、「消費期限」ではなく「賞味期限」が記されています。おいしい時期が明らかに過ぎていても、2〜3年は飲んでも安全だとされているからです。大手メーカーはスーパーの要望に応えて、焙煎日を記載しません。数週間後でも数か月後でも販売できるようにするためです。新しいコーヒー豆は棚の後ろのほうに置かれ、ゆっくりと前に出

てきます。

　賞味期限まで 7 か月ある袋を買えたら幸運なほうでしょう。そのうえ、コーヒー豆の賞味期限には基準がないため、メーカーによっては焙煎後12か月、18か月、24か月の場合もあります。スーパーと協力して「消費期限」を記しはじめた品質重視の中小企業もありますが、「焙煎日」の記載はめったにありません。本当に新鮮なコーヒー豆をスーパーで買うのは、難しいのです。地元の小売店のほうがいいかもしれませんが、そのときの運まかせになるでしょう。

### 地元のコーヒーショップ

　コーヒー豆を買うのに最適な場所です。地元の経済を応援できるという理由だけではありません。最近のコーヒーショップは通常、店で出すコーヒーに使う豆と同じものを販売しています。そのコーヒー豆はちょうどよくエイジングされて、焙煎後 1 週間ぐらいなので、すぐ淹れるのにぴったりです。おまけに、店員と話して好みを伝えれば、スーパーで袋の表示を見ていくより、自分に合うコーヒー豆を見つけられるはずです（焙煎度の表示については22ページ参照）。さらに、購入する前に飲んでみることもできます。そのおかげで失敗するリスクが減り、家で淹れるコーヒーの豆を探す際の基準もわかるようになります。

### オンライン

　いまでは、オンラインでおいしいコーヒー豆が買えるようになりました。コーヒー豆の焙煎業者が世界じゅうで爆発的に増えたのも、消費者にとっては嬉しいことです。オンライン購入は、価格の点でも配送の速さでも満足できることが多いと思います。

　ただし、人との交流はほとんどありません。それでいいことも少なくありませんが、お勧めのコーヒーを教えてもらうのは難しいでしょう。大半の焙煎業者は焙煎や配送のポリシーをはっきり示しています。小規模の業者の場合は、毎日焙煎するほど注文がないため、注文しても次の生産日まで待たされたり、焙煎して 1 〜 2 日後のものが送られてきたりするかもしれません。すでに述べたとおり、とても新鮮な豆が必ずしも抽出に最適というわけではありません。でも、ネットで購入すると、少なくともコーヒー豆の消費サイクルを予測できます。現在のストックがなくなる 1 週間前には届くように注文するといいでしょう。

　ほとんどの焙煎業者が定期購入のサービスを提供していて、毎週、2 週間ごと、あるいは毎月、自動的に届けてくれます。届け方も「毎週同じコーヒーを届ける」から、「毎回違うコーヒーを届ける」まで、いろいろ選べます。

## 価格

　価格は、品質を示す最も簡単で明確な指標であるべきです。つまり、価格が高いほど品質がよいはずです。もちろん、人それぞれの好みがあり、「よい」の定義もさまざまなので、一概には言えません。それでも、コーヒー豆の購入に関して価格の話をしないわけにはいきません。

　何億もの家庭に、ごくふつうにコーヒーの袋があります。よく考えると、それは驚くべきことでしょう。何千kmも離れた地で育った熱帯植物の種が、あなたの家にあるのです。収穫、精製、選別、輸出、焙煎、包装されて、少しのお金と引き換えに届いたものです。コーヒー豆は安いものと思い込まれていて、悲しいことに、低価格のコーヒー豆はいつまでたってもなくならないでしょう。しかし、それは人的代償をともないます。安くするために誰かが苦しんで、食べるものにも困り、借金をしいられる生活を送らなければならないのです。安いコーヒー豆は、いまも将来も喜ばしいものではありません。

　コーヒーは過小評価されていると私が思うのも当然でしょう。コーヒーはおいしくて多様なだけでなく、心に活力や刺激を与えてくれる魅力的な飲み物なのですから。できれば、コーヒーにお金をかけるようお勧めします。

　朝のコーヒーにもう少しお金を出して、低価格路線を続ける多国籍大企業のブランドを避ければ、関係者全員のためになります。最高級のスペシャルティコーヒーに高いお金を払っても、コーヒー業界の不正を正したり、農家の暮らしを改善したりすることはできません。しかし、どのコーヒーにも持続可能な対価を支払うことには意義があります。その目標額をはっきり示せば、本書はすぐに時代遅れになってしまいそうですが、スペシャルティコーヒーの相場がよい目安になります。

　お金をもっとかけることが、私の現時点でのいちばんのアドバイスだと思われたくはありません。生産国と同じく消費国でも貧困と飢えが広がっているのですから、なおさらです。それでも、世界じゅうの何百万という生産者家族の生活に及ぼす影響を考えると、コーヒーの価格を低く抑え続けることには賛同できません。

# 焙煎度

ここ20年でスペシャルティコーヒーが普及するにつれて、焙煎度の話はもう時代遅れだと、コーヒー業者が語るようになってきました。コーヒー豆の袋には膨大な量の情報が記されていますが、焙煎度の表示はめったにありません。

これにはいくつか理由があるでしょう。まず、小規模なスペシャルティコーヒー業者の多くは、そのコーヒーに対する理想的な焙煎プロファイルで焙煎しており、他の焙煎度は適していないと信じているのです。次に、スペシャルティコーヒーの焙煎は、浅煎りから中煎りのものがほとんどであるためです。現状の焙煎スタイルには、スターバックスなどの企業による深煎りへの反発という面がまだ残っています。最後に、これがいちばん困るのですが、浅煎り、中煎り、深煎りを決めるための本当の基準がないのです。しかしどの豆を買うかを決めるにあたって、焙煎度は多くの人に役立つと、私は信じています。スペシャルティコーヒー業者の製品なら、袋に明記されていないかぎり、どれも浅煎りから中煎りの間だと思ってよいでしょう。

昔から、焙煎度の表示は、コーヒーの濃さを表すものとして、いい加減な基準で使用されてきました。最近のコーヒー業界は、それでは混乱を招くとずっと訴えています。コーヒーの濃さというのは、おもに淹れ方や、使う豆と湯の割合によるからです。とはいえ深煎りは、浅煎りと比べて成分が溶け出しやすいので、細かいことを言えば、皮肉なことに濃さの表示とみなせます。

焙煎度の表示が本当に伝えたいのは、そのコーヒーの苦味の強さです。でも、5段階だろうが10段階だろうが、よく見るとじつは真ん中から上の表示しかありません。濃さが最低レベルのコーヒーを飲みたい人などいないのですから。

**1** おいしいコーヒー豆の買い方

## 焙煎度が風味に与える影響

　焙煎の仕方はコーヒーの味に劇的に影響します。長時間焙煎するほど、いわゆる煎ったような香りがしてきます。その香りは、パンやチョコレートなど、こんがり焼き上げてつくる食品の多くから生じるものです。最後には、焦げたような不快な匂いになり、苦味も増します。砂糖をカラメルにするとき、色が濃くなるほど苦くなるのと同じです。そして苦味が増すと同時に、酸味が減っていきます。

　酸味は、コーヒーにおける複雑なテーマであり、かなり意見が分かれるものです。酸味はコーヒー豆の密度、すなわち育ち方と関係しています。高地で育つコーヒーほど、ゆっくり育って密度も高くなります。そのため、複雑な香りや甘味を持つようになります。ただし、実際はそれほど単純な話ではないので、どこよりも高いところで育つコーヒーを探したりはしないでください。興味深いことに、複雑で風味の豊かなコーヒーは、酸味が強い傾向にあります。

　焙煎業者にとっての課題は、豆の本来の特徴を損なわず、焙煎の心地よい香りを保ち、酸味のバランスをとって、あらゆる点でおいしいコーヒーにすることです。酸味は、他との違いをはっきりさせ、みずみずしさ、さわやかさ、ワクワク感、満足感をもたらしてくれます。もし焙煎に失敗したら、酸っぱくて不快な、ひどくまずいものになります。

　焙煎が難しいのは、甘味、酸味、苦味のバランスの瞬間を見極めるのに正確さと豊富な経験が必要だから、という理由だけではありません。すべての人が納得するバランスなどないからこそ、難しいのです。そのため、実質的には食品製造であるにもかかわらず、焙煎は哲学的・美学的なものになっています。どんなコーヒーがおいしいかについて、飲む人全員が考えを同じくすることはないと、業者はわかっているので総合的に判断します。

　中煎りの本当の基準がないのはそのためです。各自がそれぞれ、わずかに焙煎色の違うものを中煎りと呼んでいます。極端な例を挙げると、スターバックスの浅煎り（ブロンド ロースト）は、スペシャルティコーヒー業者のどの焙煎よりも深煎りです。

# トレーサビリティ[※1]

私は長年、優れたコーヒー豆を最も簡単に買う方法として、トレーサビリティを参考にしてきました。コーヒー豆が特定の地域、農園、協同組合、精製所から届くなら、品質もかなりよいと考えられるからです。

農園から1杯のコーヒーにいたるまで、つまりサプライチェーン全体で分けて管理するプロセスには、コストがかかります。その投資が報われるのは、コーヒーがプレミアム価格で販売されるとき、すなわち高品質なコーヒーであった場合だけです。ですからトレーサビリティは、完璧ではなくても、かなり有効な指標と言えるでしょう。

棚に並ぶコーヒー豆の袋を見て、本当にトレーサビリティのあるものと、表面的でしかないものを見分けるのはかなり大変です。土地の所有形態が複雑なので、ある地所でつくられたコーヒーを選べばいいというわけではありません。そうして選ぶと、さまざまな生産国にある、農園と呼べるほどの土地を持っていない優れた生産者（とコーヒー豆）の多くを見逃すことになってしまいます。ケニアでなら、何百もの生産者のためにコーヒー豆を精製している1か所のウォッシングステーション[※2]で、驚くようなコーヒー豆を買えることもありえます。それはケニアでも最高のコーヒー豆です。ところが、コスタリカで同じようなトレーサビリティが記されていたとしても、最高のコーヒー豆は手に入りません。もっとよいアドバイスを提供するため、私は『ビジュアル スペシャルティコーヒー大事典』[※3]という本を書いて、国別に情報を分析しました。とはいえ、最も役に立つ品質の指標として、やはりトレーサビリティを参考にすることをお勧めします。

※1 生産や流通の履歴を追跡できること、または追跡できる状態
※2 持ち込まれた豆を精製する拠点
※3 日本語版は日経ナショナル ジオグラフィック社刊（複数の版がある）

# 収穫後の精製（プロセス）

代表的なスペシャルティコーヒーの袋には、そのコーヒー豆についての情報がたくさん記載されています。情報の範囲や項目は焙煎業者によって違いますが、私が特に重要だと思うのは収穫後の精製です。ありがたいことに、これはたいてい記されています。

コーヒーの果実（コーヒーチェリー）は、完熟のときに収穫されます。ただし、必要なのは果実ではなく、中にある種子です。果実から種子を取り出す方法は、コーヒーの風味に大きな影響を与えます。本書ではこの精製の工程について詳しく述べませんが、風味への影響、特に発酵[※1]がもたらす風味についてお話ししましょう。

昔から、多くのコーヒーにおいて発酵の風味は好ましくないとされ、できるだけ抑えるように精製されてきました。ウォッシュト（水洗式）という精製法では、果実から種を取り出したあと、種に付いた果肉を分解させるために少し発酵させ、水洗いして乾燥させます。その際、発酵の「不快な」風味を最小限にするため、できるだけ早く果肉に含まれる糖分を取り除いて、発酵の風味が増すのを防ぎます。

ウォッシュトの課題は必要になる水の量です。一方、最も水が少なくてすむ精製法はナチュラル（乾燥式）です。収穫後、実をそのまま乾燥させ、外皮を取り除いて種子を取り出します。天日干しで乾燥させると、自然に反応が進み、発酵した果物のような風味が生じます。これを好む人もいて、コーヒーに含まれるブルーベリー、マンゴー、パイナップル、トロピカルフルーツの風味を楽しみます。不快に思う人は、フルーツサラダというより、腐った果物のような匂いだと感じます。コーヒーの発酵の風味を自分がどう感じるか知っていれば、買うときのよい道しるべになるでしょう。

絶対的に正しい答えはありません。好きでも嫌いでもかまわないのです。コーヒー業界の意見も分かれています。焙煎業者の中には、ナチュラルで精製したコーヒーを購入・焙煎しない業者もあります。テロワール[※2]による本来の風味が消えてしまうと考えているからです。焙煎業者がビジョンを持ち、自社の製品を信じることは大切なので、私はどちらの意見も尊重しますし、どちらにも支持する人たちがいます。

他の精製法、たとえばハニープロセスやパルプド・ナチュラルなどは、果肉の風味がさらに残りやすい傾向があります。精製が味に与える影響は一言では説明できません。産地によってさまざまな方法があるうえ、小規模専門店や、ウォッシュトにおける実験的な発酵法が増えているからです。これらははっきりと袋に表示さ

[※1] 微生物が糖分などを分解し、別の物質が生成される反応
[※2] 産地の地形・土壌・気候といった環境やその特性

れていることが多いので、最も一般的なウォッシュトによるコーヒーと間違えることはないでしょう。

1 おいしいコーヒー豆の買い方

ブルボン

カトゥアイ

コナ

ゲシャ

# 品種

ワインはブドウの品種による味の違いを見事に伝えてきました。ワイン愛好家なら、シャルドネやカベルネ・ソービニヨンのワインについて独自の意見を持っているものでしょう。

コーヒー豆も品種別に売られていることが多いですが、ある品種のものを飲んでみて、また同じ豆を探すのはお勧めできません。コーヒーの品種は生産者が実用的な理由で選んでいるからです。収量が多い品種もあれば、木の背が低くて手で摘みやすい品種もあります。多くの生産者が手に入れられる種は限られており、その中から選んでいるのです。

品種の中には、テロワールに関係なく風味の特徴がはっきり出るものもありますが、それはかなり稀です。コーヒーを飲んで、品種がブルボンかカトゥーラかを当てるのは非常に難しいでしょう。

焙煎業者はよく、コーヒーの品種を袋に表示しています。でも、それは味の目安というより、トレーサビリティの証明のためです。

また、焙煎業者は品種の背景をめったに説明しません。コロンビアで育つウシュウシュがかなり珍しいことや、ブルボンはふつうインドネシアで育たないことなどは、よほどコーヒーに詳しくならなければわかりません。

ゲシャ（よく「ゲイシャ」と呼ばれます）[※]のような品種は、一貫して花や柑橘系の風味を持っており、珍しいので貴重です。しかし、品種の90%は特徴を述べるのが難しいでしょう。

※ 日本では「ゲイシャ」と表記されることが多いが、厳密には、エチオピアの「ゲシャ」という地名が由来

# フレーバーノートとは

コーヒーのフレーバーノートは、標準化された風味の表現です。同時に、けっこう議論の的になるものでもあります。

ここでは、フレーバーノートの読み方について説明します。コーヒーを飲んだときに感じる風味のおもな特性を、一つひとつ理解してみましょう。そうすれば、何十種類もある袋から一つを選びやすくなり、自分が選んだコーヒーに満足できるようになるでしょう。

コーヒーにはおもに三つの特性があり、大半の人がそれによって好き嫌いを感じるものだと、私は考えています。

酸味──24ページで触れたように、酸味は複雑なテーマです。酸味を好む人もいれば、コーヒーにふさわしくない不快なものだと感じる人もいます。多少の酸味はスペシャルティコーヒーの特徴ですが、バランスが何より大切です。

フルーティフレーバー──28ページで触れたように、このフレーバーの極端なものは発酵した果物の風味です。これを嫌う人がかなりの割合でいますが、同じぐらいの人が非常に好み、大多数の人はふつうに受け入れています。その対極にあるのは、果物の特色がまったくないコーヒーです。その中間に、クリーンなフルーツフレーバーと私が呼ぶものがあります。

質感（テクスチャー）──コーヒーを口にしたときの感触は重要ですが、その価値のわりにはほとんど話題に上りません。コーヒーには紅茶と同じぐらい口当たりの軽いもの、濃厚で豊かなもの、その中間のものなど、さまざまなものがあります。

## 袋の表示の読み方

袋に記載された内容から、そのコーヒー豆の特性を判断できます。商品の味をすべて知っている店員との会話に代わるものはないので、これは完璧とは言えませんが、役に立つでしょう。

フレッシュフルーツフレーバー──袋にベリー類や、梨、リンゴ、柑橘類の名前があれば、酸味が比較的強いでしょう。甘味もありますが、これがおもなフレーバーの場合は、もし酸味が嫌いなら買わないほうが無難です。口当たりは軽いものから中間のものが多いでしょう。

トロピカルフルーツフレーバー──私ならイチゴとブルーベリーも含めますが、マンゴーやライチ、パイナップルなどは、発酵の風味があるでしょう。もし発酵の風味が嫌いならお勧めしません。口当たりは少し濃厚です。

クックトフルーツフレーバー──ジャム、ゼリー、パイ（チェリーパイ）など、加工した果物が記載されているなら、いくらか酸味はありますが、あまり強くはありません。口当たりは、酸味の強いものより少し濃厚です。

　ブラウニングフレーバー──焙煎中のメイラード反応によってさまざまな風味が生まれます。袋にはチョコレート、ナッツ、カラメル、タフィーなどと記されます。果物の記載がなければ、比較的酸味が少なく、口当たりは中間から濃厚なものが多いでしょう。

　ビターフレーバー──深煎りの場合、ダークチョコレートや、ときには糖蜜のようなスモーキーなフレーバーを感じることがあります。口当たりは濃厚で、酸味はなく、苦味が前面に出ています。

　ここで、どれがお勧めか教えてくれないのかと、非難されても仕方ないかもしれません。ただ、おいしいコーヒーの喜びは、その多様性にあります。1杯1杯のコーヒーで、驚くほど多彩な体験ができる可能性があり、その機会を逃してほしくはないのです。どこまでが自分の好みか、ぎりぎりのところを試すのをお勧めします。上記の説明は、一口飲んで吐き出したくなり、二度と飲むものかと、いらだちながら飲み干さねばならないようなコーヒーを買わずにすむようにするためのものです。

　いまは激しい競争の時代なので、多くの焙煎業者がお客とのつながりを求めています。もしコーヒー豆を買って気に入らなかったら、焙煎業者に伝えてください。ほとんどの業者は、あなたが本当に欲しいものを提供したいと思っていますし、商品が気に入らなかった理由を喜んで知ろうとするでしょう。もし好みのコーヒー豆を提供できなくても、そのことを互いに知っておくほうが、あなたをまたがっかりさせるものを売るよりはいいはずです。

1 おいしいコーヒー豆の買い方

2

# おいしいコーヒーに必要なもの

　コーヒーに恋したら、あれこれ買い揃えて、器具も上等なものにしたいという誘惑に勝てなくなるでしょう。それは趣味の楽しい一面ですが、初心者が最初にぶつかる壁でもあります。本章では、淹れ方はさておき、絶対に必要なものについてお話しします。

　器具に関しては、極端に安いものを販売するメーカーの罠にかからないようにアドバイスしたいと思います。その価格に合わせるために性能を落としていることが多いので、絶対に避けるべきです。そうした器具は役立つどころか、かえって邪魔になります。コーヒーの道具類にお金をかければ、淹れるのが楽しくなり、コーヒーもおいしくなります。安価な器具は足を引っぱり、すぐ不要になって、家の中でゴミ同然になるだけです。

　コーヒーに熱中しはじめると、目の前に分かれ道があると感じることがよくあります。ふつうに淹れるコーヒーの小道をのんびり歩きたいですか？　それとも、すごいエスプレッソへの険しい坂道を上りたいですか？　二者択一というわけではありませんが、フィルターを使って淹れるコーヒーの道のほうが、簡単でストレスが少なく、費用もあまりかかりません。どちらにしても、不意に現れる落とし穴や行き止まりを避けられるように、私が心を込めて案内しましょう。

# コーヒーに最適な水

コーヒーに使う水のことを話題にすると、すぐに感情的な言い合いになるものです。というのも、1杯のコーヒーがおいしくなったり、予想外にまずくなったりする理由を探る際、最も悩ましいのは水だからです。

コーヒーを淹れるとき、水には二つの役割があります。まず、水は材料です。そして、抽出時に溶け出る成分を左右する、溶媒でもあります。コーヒーのほとんどは水分なので、材料だと考えるほうがわかりやすいでしょう。フィルターで淹れるブラックコーヒーの約98.5％が水で、典型的なエスプレッソでも90％が水です。なので、きれいで雑味がなく、塩素などが入っていない水を使ってください。

みなさんの多くは、おいしい水道水を手に入れられるでしょう。私も、水道水で最高のコーヒーを淹れる方法を取り上げたいと思いますが、それでもやはり、「まずい」味を修正することから説明させてください。最も効果的なのは、活性炭入りの浄水器を使うことです。安価ですし、濾過する部品だけでなく、水を軟化する部品が付いていることもあります。軟化が不要なら、味と匂いを取り除く活性炭フィルターと、不純物を取り除く細かい網が付いているものを選びます。かなり長持ちしますが、どんな浄水器でも細菌の増殖するおそれがあるので、こまめに交換しましょう。

それでは、コーヒーに使う水に影響する要因を細かく見ていきましょう。水の化学的な性質について詳しくお話しすると、コーヒーが突然、難しく、近づきがたく、複雑なものになったと戸惑う人が出てくるかもしれません。ですがそれは、キッチンを実験室にするのが目的ではなく（そうしたいなら別ですが）、コーヒーに使う水において何が大切なのかを理解し、自分の好みや予算、興味に最も合う選び方を知ってもらうためなのです。

### 硬水と軟水

「硬水」とは、カルシウムやマグネシウムなどのミネラルを多く含む水のことです。このミネラルは、水が地中を通ったときに溶け込んだものです。「軟水」は、逆にミネラルが少ない水です[※]。

前述した軟化は、水中の炭酸カルシウムを減らすことを指します。炭酸カルシウムは石灰岩由来のものが多いのですが、溶け込んだ水が高温になると析出します。やかんや、コーヒーを抽出するマシンに見られる石灰鱗（石灰質の水垢）がそれです。味のよいコーヒーを淹れるには、どちらかと言えば軟水のほうがいいのですが、それだけが水の要件ではありません。

※ 著者の母国イギリスでは硬水が多く、日本では軟水が多い

初めのうちは、すっきりした味の軟水を使えば問題ないでしょう。ただし、蒸留水や純水はよくありません。コーヒーがまずくなりますし、やかんやマシンの内部が腐食するので避けてください。

硬水か軟水かわからない場合は、やかんや、湯を沸かす器具の内側を見ます。石灰鱗が溜まっていれば、その水は硬水です。

## ミネラル

世界のどこのミネラルウォーターでも、ボトルの側面を見ると、含有するミネラルの一覧がたいてい記載されています。コーヒーに使う場合は、特に二つのミネラル、つまりカルシウムとマグネシウムが重要です。どちらもコーヒーに直接関与し、挽いた豆に含まれるおいしい水溶性化合物を抽出するのに役立ちます。こうしたミネラルがない水では、同じようには抽出できません。それらが多いほどより抽出できますが、多ければ多いほどよいというわけではありません。

ミネラルがより多くの成分を引き出すと、味のバランスが悪く、酸っぱくて飲めないようなコーヒーになることがあります。そのとき、カルシウムとマグネシウムは違う役割を果たしています。マグネシウムの多い水は、カルシウムの多い水より酸味が強いことが多く、風味も違います。水道水の場合、高いマグネシウム濃度はあまり見られず、高いカルシウム濃度のほうがよく見られます。また、マグネシウムは石灰鱗を形成しません。

カルシウム濃度が高い水は、世界のさまざまな地域でよく見られます。軟化に対応した浄水器の役目はカルシウムを別のイオン、すなわち浄水器中の食塩のナトリウムと交換することにあります(塩化ナトリウムではなくナトリウムだけが置換されるので、水が塩辛くなることはありません)。イオン交換浄水器は、コーヒーに使う水に影響を与えることがあります。アルカリ度が特に影響を及ぼすので、次ページで説明しましょう。

理想的なカルシウムやマグネシウムの濃度を見つけるのは難しいものです。水中の炭酸カルシウムが加熱によって石灰鱗になり、器具の中に溜まるという要因が絡み合っているからです。石灰鱗はマシンにとって大問題です。やかんなら簡単に落とせますが、エスプレッソマシンなどは時間がかかります。また、やかんなら、水を入れるときにふたを開ければどれぐらい石灰鱗が溜まっているかすぐにわかりますが、マシンは簡単に開けて石灰鱗のようすを見ることができないので、問題に気づくのはたいてい壊れたときです。

コーヒーの味にとって最良の水でも、石灰鱗の堆積(たいせき)を考えるとよくない面があります。つまり、コーヒーがおいしくなり、なおかつマシンにダメージを与えないというちょうどよいとこ

が厳密に相関するわけではありませんが、この緩衝材はコーヒーの酸味に間違いなく影響を与えます。

さまざまなアルカリ度の水があり、コーヒーの味へ直接的に、そして驚くほど影響します。アルカリ度が低すぎると、コーヒーは酸っぱくて渋くなります。高すぎると、起伏のない平坦な味になります。再び別のゴルディロックスゾーンを探すような話になってきましたが（アルカリ度と硬度に対応した浄水器も売られています）、これも、家で飲むコーヒーの味がなぜその味になったかを理解するためです。理想を言えば、アルカリ度とミネラル含有量に明確な相関関係があるといいのですが。ミネラルが多いほど抽出できて、アルカリ度も高いなら、抽出しすぎても不快な酸味が抑えられるはずですから。ですが、現実の世界ではまず、そううまくはいきません。

### 推奨される水質の範囲

大事なのは、水については、「最高」で唯一のレシピなんてないということです。人によって好みやコーヒーに期待するものが違い、水もその役目を果たしています。キレよく抽出されて、華やかで酸味のあるコーヒーを、誰もが好むとは限りません。みんなが同じコーヒーを飲むわけではないのです。また、豆の焙煎度によっても差が出ます。自分の家の水道水ですばらしいコーヒーを淹れる人もいれば、隣の家には同じ水道水・違う焙煎度で不満をくすぶらせている

ろ、ゴルディロックスゾーン※を見つけましょう。ありがたいことに、選択肢はたくさんあります。本章の目的は、読者のみなさんが十分な情報を得たうえで決められるように手助けすることです。手軽な水道水について不安を感じさせたいわけではありません。

### アルカリ度

水とコーヒーの関係を知るには、ミネラルの話だけだと不十分です。雨雲から蛇口まで、水の長い旅の途中で、岩盤から溶け出して加わった炭酸カルシウムは、カルシウムイオンと炭酸イオンになっています。炭酸イオンは緩衝材のような役目を果たします。簡単に言うと、水のpHを調整するのです。飲み物のpHの値と酸味

---

※ 宇宙において恒星から遠すぎず近すぎない、生命が存在可能な「ちょうどよい」領域。イギリス童話「ゴルディロックスと3匹のくま」で少女が適温のおかゆを選んだ場面に由来する

人がいるかもしれません。

　水のレシピのガイドラインは、次ページのように、Y軸に硬度、X軸にアルカリ度を取ったグラフで示されます。私なら広範囲の水を勧めますが、最後の一滴までコーヒーの長所を搾り出したいのなら、微調整や改善の機会に水のレシピを見るのもいいでしょう。

## おいしい水を手に入れる方法

　上記に基づいて具体的なものを示すべきですが、正直なところ、すべての疑問を満足させる答えはありません。つまり、コーヒーを淹れるのに最適な水を入手するには、いくつかの方法があるのです。

## 水道水から始めよう

　最初にすべきことは、水道水のミネラル含有量を知ることです。多くの地域では、それを水道局のサイトで見ることができ、郵便番号で調べられます。それができない場合は、水質検査キットがオンラインで安く手に入ります。家庭用の水槽に使うキットがお勧めです。魚を飼う人は、理想的な水質を維持する苦労をよく知っています。何度も検査する必要があるなら、水槽用キットが長持ちしていいでしょう。特に、1年を通して水の供給源が変わる住宅の場合は役に立ちます。

　もし、推奨される範囲（次ページ参照）から水道水がそれほど外れていないなら、簡単な浄水器を使うことをお勧めします。ブリタやBWTがさまざまな商品を販売しています。また、〈Peak Water〉の浄水器のように、コーヒーに特化した商品もあります（アルカリ度測定機能付きなど）。これらは比較的安価で便利です。注意点として、この種の浄水器はカビや細菌が繁殖しやすいので、何度使ったかにかかわらず、メーカーの指示どおりに毎月フィルターを交換してください。

　水道水が望ましい範囲から大きく外れているなら、究極の解決法があります。水からすべてを取り除いて、再びミネラルを含ませるのです。最も簡単な方法は、〈Zero Water〉[※]の浄水ポットなどを使うことです。水からすべてを取り除いて、ほぼ純水にできます。それからミネラル

---

[※] Zero Technologiesというメーカーの高性能浄水器シリーズ。欧米などで使われている

## 推奨される水質の範囲

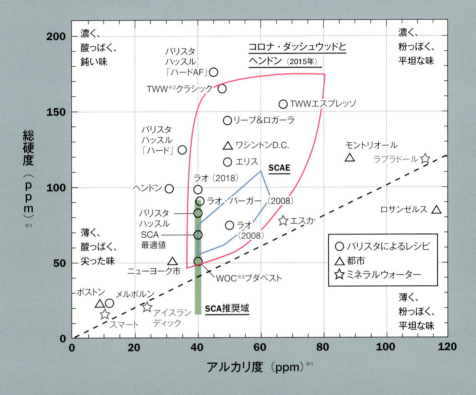

「最高」で唯一の水のレシピはないが、ネット上のお勧めレシピや、ミネラルウォーター、特定の都市の水道水などから、硬度とアルカリ度のバランスがだいたいわかる。

上のグラフを作成したのは、『The Physics of Filter Coffee』（2021年、未邦訳）の著者であるジョナサン・ガニエ。要するに、水質とコーヒー抽出に関するさまざまな研究（アメリカスペシャルティコーヒー協会〔SCAA〕とヨーロッパスペシャルティコーヒー協会〔SCAE〕による研究）、マクスウェル・コロナ・ダッシュウッドとクリストファー・ヘンドンの共著『Water for Coffee』（2015年、未邦訳）で推奨された範囲をグラフ化したものだ。基本的には、グラフの緑、青、赤の範囲にある水は抽出に適している。

水の硬度は、水中の炭酸カルシウム（$CaCO_3$）を含むミネラルの量を100万分の1単位（ppm）で表したものだ。通常、軟水は50ppm以下、硬水は200ppm以上[※4]。

---

[※1] 1ppm＝0.0001%、1ppm≒1mg／1L。総硬度は、カルシウム・マグネシウムの量を炭酸カルシウムの量に換算して算出した濃度。アルカリ度は、各種アルカリ分の量を炭酸カルシウムの量に換算して算出した濃度。酸をどれほど中和できるかの目安となる
[※2] サード・ウェーブ・ウォーター（蒸留水に溶かしてコーヒー用の水をつくる商品）
[※3] ワールド・オブ・コーヒー（毎年異なる都市で開催されるコーヒーの世界的な祭典）
[※4] 日本の食品安全委員会（2017年）によると、通常、炭酸カルシウム含有量が60mg／L以下が軟水、60〜120mg／Lが中硬水、120〜180mg／Lが硬水、それ以上は超硬水

を加えるのです。好みのレシピ（下記参照）でも、〈サード・ウェーブ・ウォーター〉のような商品でもかまいません。これは、小袋に入ったミネラルで、蒸留水に溶かすとおいしいコーヒー用の水ができます。それほど高価ではありませんし、効果的です。

他に、逆浸透膜（RO）浄水器を使う方法もあります。非常に目が細かく、水は通すものの溶解イオンは通さない薄い膜に、水を圧し付けて濾過する機器です。これは硬水の地域で業務用によく使用されていますが、大きな欠点があります。高価で無駄が多いのです。RO浄水器では通常、濾水を1Lつくるのに少なくとも2Lの水道水が必要です。残りの1Lはミネラルの濃度が高すぎて、廃棄することになります。この硬水を少量戻して、望ましいミネラル値にする浄水器もありますが、家庭用にはお勧めしません。予算がたっぷりあり、軟水が大量に必要なら話は別ですが。

### カスタムウォーター

コーヒー用の水の極みと言えるのが、自家製のカスタムウォーターです。最初は少し苦労しますが、自分の好みや、ネットなどで見つけたお勧めレシピに合わせた水を、安く簡単につくれます。そこまでするのかと思う人もいるかもしれないため、あらためて言います。水がコーヒーに与える影響は大きいのに、水道水が理想的な水質とかけ離れていて、他の方法では解決できない人たちもいるのです。

カスタムウォーターをつくるには、ミネラルとアルカリという二つの成分が必要です。どちらの原材料も簡単に手に入ります。他に必要なのは、水とスケール（はかり）です。

エプソムソルト——硫酸マグネシウム。水にマグネシウムを簡単に加えられます。

重曹——炭酸水素ナトリウム。水にアルカリ度を加えます（緩衝材のように働きます）。

蒸留水——〈Zero Water〉の浄水器で濾過した水です。または蒸留水か脱イオン水を購入しましょう。

0.01g単位で量れるスケール——オンラインで購入できます。安価なものは0.01gまで正確に量れないかもしれませんが、つくりたい水のレシピに近づけるには十分です。

あとで計算しやすいように、二つの溶液をつくるのが最善の方法です。それぞれ1,000ppm（0.1%）のミネラルの溶液と、緩衝材の溶液をつくりましょう。

——エプソムソルト2.45gを蒸留水1Lに溶かす。
——重曹1.68gを蒸留水1Lに溶かす。

さあこれで、世界じゅうの町の水や、コーヒー業界の専門家たちの水に相当する、さまざま

なレシピの水がつくれます（45ページのグラフ参照）。よかったら、〈www.baristahustle.com〉のサイトを覗いてみてください※。レシピや計算法など、コーヒーと抽出についての膨大な情報が掲載されています。

## ミネラルウォーター

　ペットボトル入りのミネラルウォーターでコーヒーを淹れるとよいという話を、いまでもよく聞きます。私も昔はそう思っていました。しかし、毎日のコーヒーに使うことは、もうお勧めしません。

　ミネラルウォーターは、水の影響を明らかにするのに最適です。2種類のブランド、たとえば〈エビアン〉と〈ボルヴィック〉を買って、コーヒーを淹れてみてください。味の違いがはっきりわかります。

　ブランドのミネラルウォーターや、スーパーのオリジナル商品の中には、確かにコーヒーに適したものがあります（いまならラベルでわかります）。それでも、ミネラルウォーターの使用による無駄と環境への影響を考えると、深い懸念を覚えずにはいられません。コーヒーの味がよくなり、ときにはコストパフォーマンスもいいのは否定しませんが、定期的に使っている人には、他の方法を検討してみるようアドバイスしています。

※ 日本ではバリスタハッスルジャパンが、水に特化したオンラインコース〈https://japan.baristahustle.com/courses/watercourse〉を販売

2 おいしいコーヒーに必要なもの

# スケール（はかり）

　1g単位かそれより細かく量れるキッチン用のデジタルスケールが、おいしいコーヒーを淹れるのに不可欠です。こう言うと、コーヒーを淹れることが、科学的で、面倒で、もったいぶったものに思えてくるかもしれません。しかし私からすれば、スケールは、コーヒーを繰り返し淹れるプロセスをとてもシンプルにしてくれるものです。

　スケールを使う代わりに、挽いた豆をスプーンですくって計量する方法もありますが、私は好きではありません。きっちりすくえたか、スプーンの種類は合っているかなどと考えたくないからです。また、目分量で湯を注ぐのは、蒸らしの際にコーヒーの粉が膨らむので腹立たしいほど難しいでしょう。粉の膨らみ方は焙煎度やどのぐらい前に焙煎したかによって違うからです。

　コーヒーの淹れ方はレシピに集約されます。レシピどおりにつくれば、味が決まらずにいらいらするようなこともありません。豆や水の量のわずかな違いは、出来上がりの味に驚くほど大きな変化をもたらします。意図的に実験しているときなら、その変化を楽しめるでしょう。でも、朝の最初の1杯をおいしく飲みたいだけなら、頭にくるはずです。

　私にとっては、まだ1杯も飲んでいないときに、どれだけの豆が必要で、どれだけの湯を注げばいいかを考えるほうが大変です。苦痛なぐらいなので、助けになるものが欲しいし、考えなくてもいいようにしておきたいと思います。

　スケールで量れば、カフェインが入る前のぼんやりした頭でも、深く考えずにポイントを押さえておいしく淹れることができます。これが実験や探究の場を与えてくれる以上にありがたいのです。

　以前は、0.1g単位で正確に量れる中で最も安価な、ジュエリー用の小さなスケールを勧めていました。でもいまなら、設置面積の大きなものをお勧めします。コーヒー用スケールであればたいてい、エスプレッソを淹れる際にも、マシンのドリップトレイに置いて抽出液を量れますし（183〜189ページ「エスプレッソの淹れ方」参照）、1回分を簡単に量れるようポルタフィルターを置くこともできます（次ページ参照）。この大きめのスケールは、ほとんどの抽出に使えます。

　キッチンスケールの価格は下がってきているので、コーヒーにも、料理やパン、お菓子をつくるのにも使えるものが安く手に入ります。コーヒー用スケールは0.1g単位で量れるうえ、タイマー機能も付いていて理想的なものの、絶対に必要というわけではありません。タイマーは、

2 おいしいコーヒーに必要なもの

お手持ちのスマートフォンのもので十分です。ただ私は、朝はなるべくスマートフォンをいじらないようにしています。

## スマートスケール

ここまで、「ダムスケール※」とよく呼ばれるものについて話してきました。対照的なのがWi-FiやBluetoothが使えるスケールで、いまやどこでも入手でき、家でコーヒーを淹れる人に向けて派手に宣伝されています。私はこの呼び名は不当だと思います。「ダムスケール」には必要な機能がすべて備わっていますし、「スマートスケール」には役に立つ疑わしい機能がたくさん追加されているからです。

スマートスケールのデータを見ることに意味があるのは、限られた場合だけです。私は、コーヒーの抽出中にスマートフォンを見るのが好きではありません。スマートフォンとコーヒー用スケールをペアリングするのは面倒ですし、ただ湯を沸かしてその日最初の1杯を淹れたいときに、ペアリングできない原因を考えていらいらするのも嫌です。

もしはっきりした問題を抱えていて、それを解決する機能がスマートスケールにあるなら検討してみてもいいでしょう。ただ、大半のスマートスケールは暗号化が不十分ですし、たいした洞察力もなく役に立つ助言もしてくれないアプリが付いているだけです。高品質で耐水性のよいものがないわけではなく、私は実験データの収集にスマートスケールを使いますが、日々の抽出には、ほんのわずかしか使いません。ほとんどの人にはお勧めできません。

多くの人が求めるのは、防水で、反応が速く、計量が正確で、丈夫なダムスケールです。でも、速さと正確さはじつは相反します。計量の際には多くのノイズが発生します。たとえば、湯を注ぐときに生じる振動です。正確に量るには、多くのデータを集めつつ、ノイズを取り除く処理が必要です。そのため、スケールの反応が少し遅くなります。数字がすぐに出るものほど、正確ではないようです。この技術は向上し続けていますが、実現の難しさと、正確で高価なスケールが安価なものより遅い表示となる理由を知っておきましょう。

※ ダムスケールの「ダム」は「まぬけな」の意。英語の口語表現

# コーヒーグラインダー（ミル）

コーヒーグラインダーは、おいしいコーヒーを家で淹れるための唯一にして最高の投資だと、これからみなさんに納得していただけるでしょう。当然です。まさにそれが絶対的な真実なのですから。

詳しく調べると、こんな実験が見つかります。最高級の業務用グラインダーであらかじめ挽いておいたコーヒーと、安い家庭用グラインダーによる挽きたてのコーヒーを比べると、前者のほうがおいしかったというものです。興味深い実験ですが、私からすれば、おいしさだけでなく、挽くときに楽しめる香りにも違いがあります。この香りが、コーヒーを淹れる前にしっかり感じられると嬉しいものです。またこの実験では、挽き目や淹れ方に合わせて完璧にグラインダーを調整することの重要性も加味されていません（88〜89ページ「コーヒー抽出の普遍的理論」参照）。

## プロペラグラインダー

## バーかプロペラか

グラインダーには2種類あります。バーグラインダーとプロペラグラインダーです。プロペラ式は、挽きたての香りは楽しめるものの、残念ながら有用性は高くありません。容器内の小さな刃が高速で回転して、豆を細かく砕く仕組みなので、出来上がりの粉は、非常に細かい微粉から大きな粒までさまざまです。コントロールできるのはグラインダーを動かす時間だけで、精密に仕上げることはできません。バーグラインダー※に買い替えることを、本書で唯一、いちばん強くお勧めします。

バーグラインダーとは、刃の付いた円盤が2枚、内部にあるものです。一方は固定され、他方はモーターか手動で回転します。ペッパーミルと基本的な仕組みは同じです。しかし、挽きたての胡椒が料理にもたらす違いは、よいバーグラインダーがコーヒーに及ぼす効果の10分の1にすぎません（挽いた豆自体がコーヒーの主材料なので）。

グラインダーを選ぶ際、自分のニーズと予算に合うか見極めるためのポイントが四つあります。それぞれについて説明しましょう。

※ グラインダーの種類であり、日本では商品名に含めていないものも多い。その場合、刃のタイプ（56ページ参照）などを確認する

## 1. 刃（バー）

　バーグラインダー内の刃は、おもに2種類あります。フラット（平らな形）とコニカル（円錐台形）です。刃はふつう金属製ですが、安価なものはセラミック製です。刃先の形状や凹凸の並び方は、さまざまです。豆は最初に大きな刃によって砕かれ、外側へ移動するにつれ細かく挽かれて、2枚の刃の隙間から出られるほど小さい粒になります。グラインダーを調整するときは、刃の間隔と必要な粒の大きさを合わせるようにします。刃の間隔を調整する方法はグラインダーによって違いますが、ダイヤルを回すものや、本体のリングを回すものがいいでしょう。これらなら、粒度※を驚くほど細かく調整できます。

　昨今のコーヒー業界において、グラインダーの刃には、フィルターコーヒーに最適なもの、エスプレッソに適したもの、両方に使えるものがあると考えられています。ただ、あなたがまだコーヒー初心者なら、その違いはわずかだと思っておいてください。エスプレッソ用のグラインダーを買っても、フィルターコーヒーがそれほどまずくなるわけではありません。

　もし予算が許すなら、金属製の刃が付いたグラインダーを買うことをお勧めします。総じて挽き具合がよくなるからです（例外もありますが、これはお勧めです）。高価なグラインダーほど、高価な刃が付いているので、精密で品質がよく、寿命も長いでしょう。

　バーグラインダーのように見える、非常に安価なグラインダーには注意してください。よくあるのは1万円以下のもので、刃がコーヒー豆を切るのではなく押しつぶすため、よいグラインダーとは言えません。いまだと、きちんとした電動バーグラインダーが2万円前後からあ

**フラット刃**

**コニカル刃**

※ 挽いた豆の粉の大きさ

るので、それをお勧めします。ただし、エスプレッソに使えるほど細かくは挽けません。エスプレッソ用のグラインダーは非常に高価です。それは、ある特別な部品、つまりモーターのせいです。

**2. 調整機能**

　前ページでも触れたように、バーグラインダーには、抽出法に応じて刃どうしを近づけたり離したりする機能があります。調整の方式は二つで、段階調整（ステップト）と、無段階調整（ステップレス）です。段階調整のグラインダーでは、刃の間隔が段階的に決められています。これは刃を動かす際の目安になり、簡単に設定を変更したりもとに戻したりできて役立ちます。ただ、この段階には共通した基準がないので注意しましょう。グラインダーによっては、１段階動かしたときの粒度の変化が、他のグラインダーの１段階分より大きくなることがあります。

　無段階調整のほうが望ましいとされることが多く、エスプレッソならほぼ不可欠です。エスプレッソではコーヒーから最高の味を引き出すために、粒度をほんの少しずつ変える必要がありますが、段階調整だと１段階変えただけで、細かくなりすぎたり荒くなりすぎたりすることがよくあるのです。無段階調整は少々扱いにくくて面倒に感じるでしょうが、ふつうはメーカーが「段階」とみなす位置に目盛りが付けられています（右図参照）。

## 3. モーター

グラインダーの価格は、モーターによってかなりの部分が決まります。コーヒー豆を挽くにはかなりのトルク（回転させる力）とパワーが必要です。安いグラインダーはそのモーターのせいで、性能に限界があります。細かく挽こうとするほどトルクが必要なので、安いグラインダーではエスプレッソ用にうまく挽けず、無理をすれば詰まるのです。そのため、安いグラインダーでは極細の設定ができないようになっています。

エスプレッソに使えるグラインダーには強力なモーターが付いているため、価格は4万円前後からで、その上はどんどん高くなっていきます。ただ、4万円前後のものでも、とても高いRPM（1分あたりの回転数）でモーターが回り、勢いも十分なので、エスプレッソに必要な極細挽きができます。

刃の回る速度がコーヒーの味に与える影響について、あまり多くのエビデンスはありません。ただ高性能のグラインダーは低めのRPMで挽くことができますし、さまざまなRPMで挽けるものもあります。

## 4. シングルドース（1回分）か、ホッパーか

昔から、家庭用のグラインダーには、上部に1袋分のコーヒー豆が入るホッパー（漏斗状の容器）が付いていたものです。ただ最近、このタイプは人気がなくなってきました。理由は二つ。まず、鮮度の問題です。コーヒー豆は密閉容器に入れ、乾燥した暗所に置くのがいちばんですが、グラインダーのホッパーだとこの条件を満たせません。次に、コーヒーの飲み方も変わってきています。戸棚に2種類以上のコーヒーを置いておく人が増えており、ホッパーを空にして別の豆に入れ替えるのは現実的ではありません。ますます多くの人が、1回分の豆をグラインダーに入れて、淹れる直前に挽くようになりました。そのため、ホッパーのないグラインダーや、シングルドースタイプのグラインダーがたくさん販売されています。また、グラインダー内のリテンション（中に残る粉）も注目されるようになりました。どんなグラインダーでも粉が残りますが、シングルドースタイプのグラインダーでは、リテンションをできるだけなくすのを目標にしています。かつて、ホッパー付きのグラインダーは利便性とそこそこの安定性を第一としてつくられ、リテンションはあまり気にせずに設計されました。自分がどんなふうにコーヒーを淹れたいか、つまり1回分の粉を簡単に挽きたいか、また、挽き目の設定を頻繁に変えたいかを考えれば、どのグラインダーがいちばんいいのかが決まってくるでしょう。

グラインダーを買うときには、以上の点をよく考えてください。さらに、エスプレッソを淹れたいか、いずれ淹れるつもりかも考える必要があります。他に考慮すべき点は、見た目の美しさと音（音の大きさと質の両方）、住んでいるところでアフターサービスを受けられるかです。安価な輸入ものにひかれる人が多いですが、部品と修理のサポートがしっかりしている器具をお勧めします。エスプレッソマシンの場合はなおさらです（168〜177ページ「エスプレッソマシンの買い方」など参照）。

2 おいしいコーヒーに必要なもの　　59

## 手挽きミル（手動グラインダー）

　手挽きミルについて触れないわけにはいきません。モーターがないので、電動よりはるかに安い価格で良質なバー式製品を買うことができます。ただし、少し注意すべき点があります。

　初心者向けのミルにはセラミック製の刃が付いていることがよくありますが、いまでは金属製の刃のミルも多く出ています。低価格でよいものが欲しいなら、金属製のものにしましょう。違いを知るために試してみたいのなら、初心者向けのミルが5千円前後で手に入ります。

　安いミルの場合、刃そのものの出来はさておき、刃が安定して動く仕組みがしっかりしていません。ミルを回すとドライブシャフトがぐらつくことが多いのです。つまり刃と刃の間隔が一定にならないため、挽き目が均一になりません。よい手挽きミルは、優れたデザインと材質によってそれを防いでいます。

　手挽きミルに数十万円は無理でも、数万円をかけてもいいでしょう。材質、精密さ、刃の形状、製品そのものがよくなります。5万円の手挽きミルは、10〜20万円の電動グラインダーと同程度の働きをします。ただし問題は、毎朝の作業。手で豆を挽くのはかなりの労力で、特に細挽きの場合は大変です。中にはその習慣や、新鮮なコーヒー豆を細挽きで挽くミルの動きの感触を、心から楽しんでいる人もいます。そのプロセスがあるからこそ、コーヒーを淹れて飲むことがさらに楽しめるわけです。一方、私のように、やはり大変だと思う人もいます。私にとっては、グラインダーのモーターにはお金をかける値打ちが十分にあります。

# アクセサリー（その他の器具）

ここまで、コーヒーに必要な器具を紹介してきましたが、あとは抽出器具（87〜129ページ「おいしいコーヒーの淹れ方」参照）の他に、どうしても必要だというものはありません。

とはいえ、コーヒーをめぐる旅路のどこかで、あなたも興味をひかれるかもしれないので、その他の器具や道具についても、ここで少し触れておきましょう。

**コーヒー豆の保存容器**

コーヒー豆専用の保存容器には、キャニスター（円筒形のふた付き容器）をはじめ、さまざまなものがあります。また、スペシャルティコーヒー業界で広く使われている袋のデザインが改良されることがよくありますが、多くの場合、それがコーヒー豆を保管するのに最も簡単で最適な方法だからです。袋にジッパーが付いていれば言うことはありません。ですが、きちんと密封されないときや、豆を取り出しにくいときは、容器に移したほうがいいでしょう。

コーヒー豆の保存容器は、おもに3種類あります。

密閉容器・バルブ付き容器——とてもシンプルで、しっかり密閉できます。逆止弁が付いていれば、豆から出る炭酸ガスを逃がせますが、絶対に必要というわけではありません。メイソンジャー（広口密閉式ガラス瓶）やタッパーも、コーヒー豆専用の容器と同じように使えます。透明ガラスやプラスチックの容器の場合は、必ず暗所に置きましょう。光が豆の劣化を速めるからです。

エアパージ型容器——通常は、入っている豆の高さぴったりにふたを下げ、容器内の空気を追い出す仕組みです。時間の経過にともなう豆の劣化を劇的に防ぐということはなく、たいていの人が1袋を使い切るぐらいのスパンではなおさらです。ただ、よくできた製品が多いので便利ですし、コーヒーをしっかり保存できているという安心感があります。

真空容器——容器内の空気をほとんど抜くので（全部ではありません）、中長期の保存には、他の容器より多少は向いています。新鮮な豆を入れた翌日に真空でなくなっていたとしても、心配はいりません。空気が入ったのではなく、減圧下で豆から炭酸ガスが放出されただけです。最も高価な容器ですが、できるだけ長く確実に保存したいなら、予算の許す範囲内で検討してみる価値があります。

### ケトル（やかん）

　湯を沸かす方法は他にもあるので、ケトルが必要不可欠というわけではありません。とはいえ、少しお話しする値打ちはあるでしょう。コーヒー用ケトルには非常にさまざまな種類があり、価格の幅も広いからです。

　ドリップケトル――グースネック※ケトルとも呼ばれ、ハンドドリップをはじめ、いくつかの抽出法に非常によく使われます。細くて長い注ぎ口で、湯量を調節しながら、ゆっくりと注ぐことができます。また、この形のおかげで粉に近づけられるので、注湯による粉の乱れを抑

※「ガチョウの首」の意。その形に似ていることから

えられます。最初は高価でしたが、かなり手頃な価格になりました。ハンドドリップで淹れることが多いなら役に立つでしょう。少し高価なものはガスコンロや電気コンロ、IHコンロで直接湯を沸かせます。他で湯を沸かしてから、すぐにドリップケトルに移して淹れる人もいます。

温度調整付きドリップケトル──これが役に立つ場合もあります。まだ電気ケトルを持っていないなら、とても便利です。中煎りから深煎りの豆を抽出する場合、低めの湯温（80〜90℃）を保つのにも役立ちます。

ただし、どちらも多目的には使えません。家族がよく紅茶を飲むなら、容量が小さすぎるでしょう。また、フレンチプレスやエアロプレスのような浸漬式で淹れるなら、ふつうのケトルで十分です。中国茶用のケトルで温度調節ができるものをお持ちなら、それでも代用できるでしょう。白茶、緑茶、ウーロン茶を低めの湯温で淹れたいときのためのものです。

### ドリップコーヒー

ハンドドリップという抽出法は、非常に人気が出てきました。数十年間も家庭での淹れ方の一つでしたが、2000年代半ばから2010年代初めに、スペシャルティコーヒーのカフェで復活したのです。

これは透過法の一種で、さまざまな方法があります。円錐形のドリッパーにペーパーフィルターをセットして粉を入れ、上から湯を注ぐと、下のカップやサーバーに液が落ちてきます。ドリップコーヒーと呼ばれ、コーヒーマシンで抽出した大容量のコーヒーにもその名が使われます。

ハンドドリップが人気なのは、器具が安いので始めやすく、1〜2杯でもおいしく淹れられ、自分で淹れたという満足感をもたらす儀式のような手順があるからです。

抽出器具の形やタイプはますます増えています。初めて選ぶなら、よいことをお教えしましょう。どのタイプでも、最も安いのはプラスチック製で、保温性がガラス・セラミック・金属製より優れています。ですから、（特に浅煎りの場合）ドリップコーヒーは器具に妥協することなく始められるのです。

### サーバー（カラフェ）

　最後は、サーバーについてお話ししましょう。これは欠かせないわけではありませんが、「持っていると気分がいい」種類のものです。多くの抽出器具がカップ1杯分用ですが、一度に2杯以上淹れられるものもあります。その場合はコーヒーを淹れる容器が欲しくなります。サーバーはまさにそのためにあるのです。

　当初、コーヒー用のサーバーは種類が少なく、やや高価でした。いまは嬉しくなるほど選択肢があります。ほとんどがガラス製で、それが私のお勧めです。というのも、おいしく淹れたコーヒーがガラスを通して見えるのはすばらしいですし、日射しを受けたときのほのかな赤色は、朝の1杯を間違いなく楽しくしてくれるからです。

　カップや、コーヒー用のテイスティンググラスについては、ここでは触れませんでした。紹介すればきりがありませんし、じつのところ好みの問題だからです。見た目や重さが気に入り、心が少し浮きたつようなカップが、あなたにとって適切なカップなのです。

# コーヒーのテイスティング

　コーヒーをよりおいしく淹れる最短の方法は、飲んでみて、自分の好きな味や嫌いな味の根本的な原因を知ることです。

　味を見ながら修正していくという方法は、初めは漠然としてわかりにくいでしょう。でも効果的で、最後には満足感を得られるものです。私がこの話をすると、多くの人がためらいます。自分には経験豊富なテイスター（味を鑑定する人）のような味覚もスキルもないと信じているからです。ところが、ほんの少しレクチャーを受けると、小さな変化もよくわかり、レシピやテクニックを変えることでコーヒーがおいしくなるのに気づいて衝撃を受けるものです。確かにこれは練習によって向上するスキルですが、よいテイスターになる能力は誰にでもあります。

　おいしいコーヒーの喜びはその味にありますが、それがどのように構成されていて、なぜそれほど美味なのかを理解すれば、さらに楽しくなります。まず、味を感じる仕組みについて簡単に説明してから、コーヒーをもっとスペシャルなものにするテイスティングについてお話ししましょう。

# 口か鼻か

テイスティングで使われる言葉はわかりにくいかもしれません。私たちが感じる味には、五つの基本味があるとよく言われます。甘味、塩味、酸味、苦味、うま味です。どれも口の中の味蕾で感じることができます。

口の中で感じる味は他にもあります。たとえば、渋味、辛味、スパイシーな食品のヒリヒリする味、金属の味などです。味蕾の働きは比較的シンプルです。味それぞれの化合物によって受容体が刺激されると、今度は受容体が神経を刺激して、その味を感じていることを脳に伝えます。「スーパーテイスター」という言葉をときどき見かけますが、それは平均より味蕾の数が多い人のことです。

スーパーテイスターであることは、必ずしもよいとは限りません。他の人より塩味などに敏感なので、料理するときに味付けに苦労します。また、苦味を強く感じるため、コーヒーを好まない人が多いようです。ただ、味蕾から離れたところで感じる、風味や香味に対する味覚が優れているわけではありません。

風邪などで匂いがわからないときに食べたり飲んだりすると、基本味は感じても、何か物足りなくて戸惑うものです——それは風味です。食品の複雑な風味の特徴は、鼻腔の上（脳の底面）にある嗅球で知覚されます。フレーバー（風味）とアロマ（香り）は、揮発性有機化合物という形をとっています。ちょっと分けて説明すると、揮発性とは常温で気化しやすいという意味なので、空気中に漂っているわけです。有機化合物とは、化学的に言えば炭素を含む化合物（一部を除く）で、生物由来のものがたくさんあります。人の嗅覚は驚異的です。嗅球がこの化合物の情報を受け取ると、すぐに匂いが特定されます。さらに驚くことに、その化合物が自然には存在せず、実験室で製造されたものでも、何に似ているかすぐにわかります。たとえば、木のような匂いだとわかるのです。しかも、誰もが同じように感じます。

テイスティングの言葉で特にわかりにくいのは、味とフレーバーの違いでしょう。コーヒーを飲む前に匂いを嗅いだとき、揮発性有機化合物に満ちた空気を吸い込むことで、鼻を通して感じるのはアロマです。コーヒーを口に入れると、まず舌で味を感じ、それから飲み込む直前に息を無意識に止め、飲み込んだあと息を吐き出します。さあ、試してみましょう。飲み込むと、その後自然に、息が少し鼻へ抜けるはずです。この息が、飲む前に嗅いだのと同じ揮発性化合物の情報を嗅球へ運びます。でもほとんどの人は、口の中の味と鼻の中の匂いが混じり合って、分かちがたい一瞬のものとして感じます。あとからでは、なおさら分けられません。

　味とフレーバーを感じ分ける簡単な方法は、子どもの頃に嫌いなものを食べるときにしたように、鼻をつまんで食べることです。鼻をつまむと、飲み込んだときに息が鼻に抜けないので、嫌いなフレーバーが嗅球へ送られません。食べ物がそばにあるなら、いますぐ試してみましょう。本書を置いてそれを手に取り、鼻をつまんで少し食べ、どう感じるか確かめてから、鼻から手を離してください。まるで白黒映画が突然カラーになったように感じるはずです。

　多くの食品には、圧倒されるほど多様な芳香族化合物が含まれていて、嗅球がそれらを知覚しています。脳は最初の味の情報をヒントにして、次にやってくる香りを割り出すという見事な技を使います。もし舌がクエン酸の味を強く感じたら、脳は柑橘系の香りを見つける用意ができているわけです。そのため、コーヒーのアロマの表現に使われている言葉は、酸味の程度の目安になることがあります。

　食品を味わってさまざまなフレーバーを感じ分けられると、人に感心されるものです。一つひとつの揮発性化合物を見つけて見分けているように思うのでしょう。実際にそういう場合もありますが、かなり稀です。ほとんどの場合、テイスターはその食べ物や飲み物で体験した、味と香りの組み合わせを解き明かそうとしているのです。誰かが、このコーヒーはイチゴの味わいだと表現しても、イチゴと同じ揮発性化合物が含まれているわけではありません。また、別のテイスターがイチゴの味わいと表現したワイ

ンと、同じものが含まれているというわけでもありません。客観的なフレーバーを持つ食品もありますが、膨大な情報をどう評価し解読するかは、各自の脳によって違うので、フレーバーを感じるという体験はかなり主観的なものです。

つまり嬉しいことに、間違った答えなどないのです。もしコーヒーにスイカを思わせるフレーバーがあると感じ、誰もわかってくれなくても、あなたは間違っていません。あなたの脳はこれまでの人生で培った、特有の味覚経験とパターン認識を持っています。コーヒーやワインについて他の人より正確に表現できても、人生でなんの意味もありません。価値があるのは、自分の好きな味や体験を知ること、そして、おいしいコーヒーを複雑にし、結果としてすばらしいものにしているフレーバーのすべてに注意を向けられることです。

### まずいコーヒーのメリット

テイスティングを学ぶうえで、知っておくべきことが一つあります。フレーバーに注意を払うようになり、言葉を探して、味覚体験を描写しようとすると、コーヒーを本当に楽しめなくなることが多いのです。

たとえるなら、ディナーパーティーのために料理するようなものです。コックであるあなたは、食べはじめると欠点ばかり探すことでしょう。まわりの人は褒めているのに、あなたが感じて気にするのは失敗した点ばかりです。これは焼きすぎ、あれは味が薄くて、それは濃すぎる、もっとうまくできたのに、と思ってしまいます。他の人は誰もそう評価しておらず、単に「これは自分の好みかな……」と思っているだけです。では、場面を切り換えてみましょう。誰かが料理をつくってくれ、あなたは心から楽しんでいるのに、その人は明らかに不満そうだったら、どう思いますか？

これは危険と紙一重です。何かに気を配ると、さらなる美点を見出すこともありますが、長所ではなく短所に注目するようになりがちです。私の場合、テイスティングが仕事の一部になってからずっと、何度もこれに苦しめられてきました。いちばんお勧めしたいのは、ときどきまずいものを食べたり飲んだりすることです。まずいコーヒーはどこでも手に入りますし、自分が淹れたり飲んだりするコーヒーに期待する基準をリセットしてくれます。この世の美しいものが見えるようにするためには、醜いものも少しまわりに必要なのです。

# 比較テイスティング

コーヒーのテイスティングを学ぶこと、つまり、コーヒーの味を理解し分析できるようになることはわりと簡単ですし、間違いなく大きな満足感を得られます。最短の時間で最大の効果が出る、ぴったりの方法が一つあります。比較テイスティングです。

比較テイスティングは、ワインやウイスキーなどではよく行われますが、コーヒーではまだあまり見られません。少しレクチャーを受けながら比較テイスティングをすれば、自分の好みやその理由が早くわかります。2杯の違うコーヒーがあれば可能ですが、もっと多いほうがいいでしょう。ただ初心者の場合は、一度に5杯以上のテイスティングはお勧めしません。何十本ものワインをテイスティングしたら参ってしまいますが、コーヒーでも同じです。

コーヒー業界では、専用のノートや評価用のシートがよく使われます。初心者向けのものなら、用意された項目ごとに感想をメモしやすいでしょう。でも、長期的にコーヒーのテイスティングを記録することに、それほど価値があるとは思えません。コーヒーはとても変わりやすいので、昔といま同じ体験ができることはないからです。たとえ同じ農園でつくられ、同じ業者で焙煎されたコーヒー豆を探し当てても、毎年、味が少し違います（ただ記録することで、特定の農園のコーヒー豆の変化を毎年追っていくことはできます）。

## 始め方

比較テイスティングはとても簡単にできますし、抽出器具も手近なもので大丈夫です。コーヒー業界では、テイスティングの目的がコーヒーそのものの評価なので、厳しく標準化されています。そのため、多様なコーヒーの抽出を繰り返しやすいよう、特殊な方法で抽出します。でも、2種類のコーヒーを比べたいだけなら、同じようにする必要はありません。

私のお勧めは、二つのフレンチプレスを使って、2種類のコーヒーを淹れることです。とはいえ、フレンチプレスが一つしかなく、他の抽出器具、たとえばドリッパーがあるなら、フレンチプレスで淹れたコーヒーとドリップコーヒーを比べても、まったくかまいません。同じ豆を2種類の抽出法で淹れるといった、専門的な比較テイスティングをして詳しく学べます。ただ、いまのところは異なるコーヒーが2杯必要というだけです。産地が違うものでも、焙煎だけが違うものでも、抽出法が違うものでもいいでしょう。大事なのは違うということです。そして最初は、その違いができるだけ大きくなるようにしましょう。

| コーヒー： | | | | | | | |
|---|---|---|---|---|---|---|---|
| | アロマ | 酸味 | 甘味 | ボディ | 後味 | フレーバー | 総合 |
| 量 | 低　　　高 | 低　　　高 | 低　　　高 | 低　　　高 | 低　　　高 | | /10 |
| 質 | －　　　＋ | －　　　＋ | －　　　＋ | －　　　＋ | －　　　＋ | | |
| メモ | | | | | | | |

| コーヒー： | | | | | | | |
|---|---|---|---|---|---|---|---|
| | アロマ | 酸味 | 甘味 | ボディ | 後味 | フレーバー | 総合 |
| 量 | 低　　　高 | 低　　　高 | 低　　　高 | 低　　　高 | 低　　　高 | | /10 |
| 質 | －　　　＋ | －　　　＋ | －　　　＋ | －　　　＋ | －　　　＋ | | |
| メモ | | | | | | | |

| コーヒー： | | | | | | | |
|---|---|---|---|---|---|---|---|
| | アロマ | 酸味 | 甘味 | ボディ | 後味 | フレーバー | 総合 |
| 量 | 低　　　高 | 低　　　高 | 低　　　高 | 低　　　高 | 低　　　高 | | /10 |
| 質 | －　　　＋ | －　　　＋ | －　　　＋ | －　　　＋ | －　　　＋ | | |
| メモ | | | | | | | |

| コーヒー： | | | | | | | |
|---|---|---|---|---|---|---|---|
| | アロマ | 酸味 | 甘味 | ボディ | 後味 | フレーバー | 総合 |
| 量 | 低　　　高 | 低　　　高 | 低　　　高 | 低　　　高 | 低　　　高 | | /10 |
| 質 | －　　　＋ | －　　　＋ | －　　　＋ | －　　　＋ | －　　　＋ | | |
| メモ | | | | | | | |

2杯のコーヒーを淹れたら、少し冷まします。熱々が好きでも、テイスティングのためには温かい程度まで冷ましましょう。体温に近いほど、味覚が敏感になるからです。熱すぎたり冷たすぎたりすると、単純なフレーバーを感じることさえ、ぐっと難しくなります。たとえば、冷えたコーラはすっきりしてバランスがよく、甘すぎることはありません。同じコーラを常温で飲むと、その甘味が突然、不快に感じられます。砂糖がどれくらい入っているかを正確に感知できたからです！　コーヒーのテイスティングでも同じです。熱いときから冷めるときまで味わっていくと、冷めるほどフレーバーが「開花」するように感じるでしょう。専門家はコーヒーの良しあしをしっかり感じとるために、常温まで冷まして味わうことがよくあります。

## テイスティングシートの使い方

　左に示すのは、初心者向けのテイスティングシートです。表がシンプルなので、初めての人にはこれをお勧めします。メモ欄は何か書きたいときのためのものなので、無理に書く必要はありません。テイスティングにはゆっくり取り組みましょう。少なくとも20分はかけてください。コーヒーの味は時間とともに、特に冷めると驚くほど変わるからです。

　初めのうちは、1欄目のアロマを記入してもしなくてもかまいません。コーヒーを飲む前の最初の印象を記録するためのものです。コーヒーの香りはおそらく最も楽しまれるところで、味が好きではない人にも喜ばれます。飲む前に嗅いでみましょう。アロマは強いですか？　あなたの好みに合いますか？　特筆すべき匂いがなければ、いますぐ記さなくてもかまいません。

　テイスティングを始めたら、まずコーヒーにある一つの味だけに集中します。ここでは、酸味を例にとってみます。酸味はコーヒーの難しい側面の一つです。酸味がコーヒーにもたらす明るさや、さわやかさ、ジューシーさが大好きな人もいますし、不快に感じる人もいます。この瞬間は、好き嫌いにこだわらず、一つ目のカップの酸味に注意を向け、二つ目のカップのそれと比べてください。どちらの酸味が強いですか？　差は大きいですか、小さいですか？　それとも同じぐらい？　そのあとで、酸っぱすぎるか、すっきりしておいしいかを考えましょう。シートに酸味の強さと、どのぐらい好みなのかも記録します。酸味が強いほどいいとは限りません。

　一つの項目に集中して、何度も飲み比べてもかまいません。違いがわかったと思ったら、次の項目に移りましょう。どちらが甘いですか？　それからコーヒーのボディ（コク）に注目します。どちらが重く濃厚で、どちらが軽いですか？

　後味は、コーヒーを飲み込んだあとに口に残る感覚です。余韻がありますか、すぐに消えますか？　心地よい感覚ですか、水ですっきりさせたいですか？　では、次はフレーバーです。

フレーバーを表す秘訣は、まずざっくり分類してみることです。すぐに具体的な言葉を思いつかなくてもいいのです(でも特別な言葉が思い浮かんだらメモしてください)。そのコーヒーはフルーティですか？ ナッツやチョコレートを思わせますか？ 焙煎の風味があるだけですか？ おおまかなカテゴリーがわかったら、掘り下げていきます。もしフルーティなら、どんな果物を思い出しますか？ 柑橘類の酸っぱさですか？ リンゴのさわやかさ？ ベリー系ですか？ 好きなだけ掘り下げましょう。このプロセスの目安として、ワインやコーヒーのフレーバーホイール[※1]というものがあります。これを使いにくいと感じて、いきなり具体的に書く人もいますが、まったく問題ありません。また、具体的な言葉を使う必要があるわけでもありません。コーヒーの味にまつわる不朽の名言の一つに、「キャリア後期のマーロン・ブラン

※1 注目する食品の風味について、そのさまざまな特徴を表現・分類して同心円状に並べたチャート。コーヒーについてスペシャルティコーヒー協会(SCA)が公開したものが有名

ド※2」という表現があります。この一言で多くのことを驚くほど正確に伝えたのです！

## テイスティングで重要なこと

　テイスティングの終わりに、どちらのコーヒーが好きかと、その理由を考えるといいでしょう。コーヒーのどんなところを楽しみましたか？　そうして何度も味わうほど、自分の好きな味の傾向がよくわかり、毎朝楽しめるコーヒーを選べるようになります。おまけに、テイスティングはいつでも楽しいものです。また、チョコレートであれ、チーズであれ、もとから好きな食品でも新しい喜びが得られ、もっとよいレシピをつくるのにも役立ちます。40年もコーヒーにかかわりながら、まだ比較テイスティングに飽きない人たちを私は知っています。

### 記録のシェア

　誰かと一緒にテイスティングするなら、ぜひ友人や家族と楽しむことをお勧めしますが、テイスティング中は感じたことを話さないようにしてください。誰かが感想を口にすると、みんながその味を探そうとし、先入観から他の味がわからなくなります。経験豊富なテイスターでさえ暗示にかかりやすいのです。ただし、テイスティングが終わったら、ぜひ記録を見比べて、賛成か不賛成かを語り合いながらコーヒーを飲み続けてください。74〜75ページで述べたように、脳はコーヒーの味覚体験を分けたり組み合わせたりしますが、その仕方は人によって違います。だから「正しい」感じ方や、「正確な」言葉などないのです。

※2 アメリカの名優、受賞歴多数。48歳のとき『ゴッドファーザー』でアカデミー主演男優賞を受賞

3 コーヒーのテイスティング

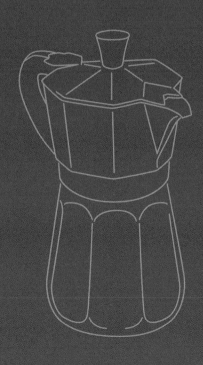

# おいしいコーヒーの淹れ方

　コーヒーを飲むようになってからずっと、私たちはコーヒーの淹れ方をいろいろと試してきました。抽出法が数えきれないほど考案され、多くが人気を博しました。つまり、おいしいコーヒーの淹れ方について語りたいなら、エアロプレスにもフレンチプレスにも通用するものを考えなければなりません。

　本章では、さまざまな抽出器具について詳しく解説しますが、その前に、コーヒー抽出の普遍的な面についてお話しします。そうすれば、見たことがなく、本書でも取り上げていない抽出器具に出合っても、すぐにおいしいコーヒーを淹れられることでしょう。

　それよりも、あらためてお伝えしたい大切なことは、唯一の正しいコーヒーの淹れ方などないということです。ときには新しい器具やテクニック、アイデアを試してみるのも楽しいものです。ここで紹介するのは、面倒や不要な作業をできるだけ省いて、おいしいコーヒーを淹れるテクニックです。これを基本テクニックとして身に付け、もっと理解が深まれば、気が向いたときに変えたり工夫したりして楽しんでください。そして、コーヒーが飲みたいときは、こうしたテクニックを駆使して、いつもおいしいコーヒーを淹れましょう。

# コーヒー抽出の普遍的理論

ここでは、おいしいコーヒーの基本的な淹れ方とその理由について理解しましょう。この原則はあらゆる抽出法に適用されます。前置きの話のようですが、エスプレッソを淹れたいだけの人も読んでおくことをお勧めします。

焙煎すると、コーヒーの生豆は完全に変化します。おいしくて楽しいコーヒーのベースである匂いやアロマが生じると同時に、豆はもろく多孔質になります。それを挽くと表面積が増え、おもにその表面積によって、抽出したときに得られるコーヒーの味わいが決まるのです。このセクションでは簡単な計算をしますが（みなさん大好きですよね！）、これを理解すると、おいしいコーヒーを淹れるのに本当に役立ちますし、まずくなる理由もわかるようになります。

**抽出について理解する**

挽いた豆の約70%は不溶性なので、1回分をとことん抽出してもやはり出し殻が残り、使用後に捨てることになります。水に溶けた成分がコーヒーのフレーバーをもたらすのです。理論上、最大抽出率はコーヒーの粉の約30%と考えられていました。

コーヒー業界はかつて、一定の抽出率の幅を理想的なものとしていました。つまり、18〜22%がおいしいコーヒーを淹れるための目標でした。これでは抽象的なので、実際の数字に置き換えてみましょう。

たとえば、30gの粉と500gの湯でドリップコーヒーを淹れ、粉の20%を抽出するとします。出し殻をオーブンに入れ、水分がなくなるまでゆっくり乾かすと、最初の量の80%、すなわち24gが残るでしょう。抽出によって失われた6gが液体に溶け込んで、色やアロマ、フレーバーをもたらします。

以前は出し殻をオーブンで乾かすことが、抽出率を目標に近づけるテクニックでした。でもここ10年ほどで最新技術に取って代わられ、屈折計（液体の濃度を計る計測器）で計るようになりました。屈折率でコーヒーの濃さを表すことができるのです。

上記の例では、屈折計の値は1.36%になるでしょう。コーヒー液の重さを量って440gなら（水がいくらか粉に吸収されるので、最初の水500gという数字は使えません）、抽出量を計算するのは簡単です（440×1.36%＝約6g）。抽出率は、6g（抽出量）／30g（最初の粉の量）、すなわち20%です。

もちろんコーヒー液を乾燥させて、残ったものを量ることもできます。ごく簡単に言えば、この方法でインスタントコーヒーはつくられています。スプーンですくったインスタントコーヒーは、抽出後に凍結乾燥した純粋な水溶性物質です。これを挽きたての豆に似せた魅力的な粒にし、包装して販売しているのです。

抽出率を計るというのは、コーヒー業界では大きな関心事で、研究開発、分析、カフェで提供されるドリンクの標準化に利用されています。ただしそれが役立つのは、未抽出と過抽出という、よく使われる重要な用語があるからです。

### 未抽出と過抽出

かつては、未抽出は総抽出量が目標とする量よりも少ない状態、過抽出は多い状態と定義されていました。でも、抽出中に起こっていることへの理解が進むにつれ、この用語の使い方と本当の意味を考えなおすようになりました。

未抽出・過抽出を単純に定義したままでは、コーヒーがまずくなる原因がわからないという不都合があります。昔、未抽出の解決法はもっと細かく挽くことでした。過抽出の場合は逆に粗くしました。この方法は一見すると合理的に思えます。粗く挽くほど総表面積が少なくなり、水が粉のフレーバーに接触する機会が減るからです。ところが実際には、そうした方法だと、まずいコーヒーの問題は思うように解決されなか

ったのです。

# 粒度の目安

エスプレッソ

モカポット／エアロプレス

フィルターコーヒー

フレンチプレス

コーヒーメーカー

# コーヒーがまずいとき

未抽出と過抽出の際のフレーバーについて知っておきましょう。未抽出のコーヒーは一般的に味が薄く、不快な酸味が目立ちます。過抽出のコーヒーは苦味と渋味が強く、後味がよくありません。

　長年、多くの人が犯してきた間違いは、コーヒーの粉を均一なものとしてとらえ、引き出される風味が多すぎるか少なすぎるかだけを考えていたことです。味に問題が生じるのは、一部のコーヒーが十分な風味を引き出せず、一部が引き出しすぎてしまうからです。本書で何度も登場する抽出テクニックの一つは、コーヒーをできるだけ均一に抽出することです。

　均一性を追い求めると、人は泥沼にはまります。最初は費用対効果が高くても、よりよいものを求めて、グラインダーや抽出器具やエスプレッソマシンに何十万円もかけるようになってしまいます。人生における多くのことと同じく、抽出も容易に上手になれます。単純なテクニックで簡単においしいコーヒーを淹れられるのです。ただし、最後の2〜3％の至高を追求しているなら、学習曲線はもっと険しいものになります。この最後の難しい進歩は、多くの人には不要です。でも、一部の人にとっては大きな喜びをもたらすものとなるでしょう。ただし、財布には負担をかけることになります。

　均一性は、抽出法だけでなく、抽出する粉も関係します。粉の粒の大きさがバラバラだと、均一に抽出するのがとても難しくなります。プロペラグラインダー（54ページ参照）を使うと、大小さまざまな粒度の粉を挽き出すので、本当に均一な抽出はできません。ただし、ちょっとした秘訣でおいしくすることはできます。

　左の写真は、各抽出法に合う粒度を示すものです。抽出器具については、のちほど説明しますが、どんな粒度であれ、大切なのは、粒の大きさが均一であることだと覚えておいてください。

# 抽出のコントロール法

コーヒーの抽出を変える方法は、おもに二つあります。豆の挽き目を変えることと、使う水の量を調整することです。まずこの二つを説明してから、その他の大事な要素についてお話ししましょう。

水は、粉の中にまで入り込んで成分を引き出すということが得意ではありません。じつを言うと、水は粒の表面の成分を洗い流しているのです。豆を細かく挽くほど、表面積が増えます。このように挽き目だけ細かく調整すればよいのなら理想的ですが、細かく挽くほど、粉と水が一体化して、抽出液を分けるのが難しくなります。ペーパーフィルターの場合、細かい粉が砂袋のように堆積しているコーヒーベッド（粉の層）に、重力の働きだけで湯を通すのは無理があるでしょう。最悪の場合、湯が粉の中の一部に抜け道（チャネル）を見つけて、ほとんどの湯がそこを通ってしまいます（チャネリング）。つまり、湯が触れた部分は過抽出になり、残りはほぼ湯に触れないため未抽出になります。

それでは二つ目の重要な要素、抽出に使う水の量についてです。コーヒーの抽出では、水は成分を引き出す溶媒として働きます。溶媒を多く使うほど、成分がたくさん溶け出します。たとえば、二つのフレンチプレスで同じように抽出し、一方に湯を加えます。すると多いほうが薄くなりますが、抽出率を計ると、粉から引き出された水溶性物質は多くなっています。ハンドドリップならもっとはっきりと、湯が多いほどフレーバーも多く抽出されることがわかるでしょう。湯を追加してドリッパーの底から落ちる抽出液には、色とフレーバーがあるので、粉からさらに成分が引き出されているのが見て取れます。

おいしいコーヒー豆ときれいな水があり、バーグラインダー（54ページ参照）で挽いても、できたコーヒーがまずかったら、原因の75%はこの二つのどちらかでしょう。だからこそ、コーヒーの抽出にはスケールがとても役に立ちます（50～53ページ参照）。自分のコーヒーの特徴に気づき、コントロールできるからです。

4 おいしいコーヒーの淹れ方

# 温度

温度はコーヒー抽出にさまざまな影響を与えます。こうした影響は確かに重要ですが、少々誇張されているようです。

湯が熱いほど、コーヒーもフレーバーも多く抽出されますが、それが望ましくない場合もあります。浅煎りは深煎りよりも成分が溶け出しにくく、深煎りは苦味成分も多く含んでいます。深煎りを非常に熱い湯で抽出すると、とても濃くて苦味の強いコーヒーができるでしょう。なので、極浅煎りには沸騰した湯かそれに近い湯、中煎りには90〜95℃の湯、深煎りには80〜90℃の湯をお勧めします。これは、ケトル内の湯の温度です。フレンチプレスでもハンドドリップでも、抽出中の湯の温度（下記）はケトルの温度より少し低くなるからです。

### 焙煎度による湯の適温

極浅煎り（ベリーライトロースト）：
　95〜100℃
浅煎り（ライトロースト）：92〜100℃
中煎り（ミディアムロースト）：85〜95℃
中深煎り（ミディアムダークロースト）：
　80〜90℃
深煎り（ダークロースト）：80〜85℃

# 均一性

均一性は、いろいろ試してみるべき要素というより、抽出によって変わる結果です。

　均一性とは、コーヒーの粉すべてを、ほぼ同量の水に触れさせることです。実際には、完全に均一にするのは不可能です。たとえ最高級でいちばん高価なバーグラインダーを使っても、コーヒー豆は粉砕されると必ず、さまざまな大きさの粒になるからです。それでも非常においしいコーヒーができますし、頭の中で聞こえる「だけど、もっと均一だったら？」という声を黙らせることもできます。

　抽出テクニックの練習中や、新しいアイデアを試しているなら、その変更や手順が均一性にどう影響するかを考えるといいでしょう。均一な抽出になるほど、コーヒーは甘くなります。コーヒーの甘味を妨げる成分や、酸味、渋味、苦味が減るからです。こうしたことに深入りするよう勧めているわけではありません。自分の抽出が明らかに失敗して、その理由を知りたいときに、このように考えてみてください。

　苦味と酸味を目安にして味を調整することは、屈折計の数値を見て判断するより大切です（88～89ページ参照）。コーヒーを淹れるのは飲むためであり、技術試験に合格するためではないからです。コーヒーが喜びをもたらし、飲み終わるのが少し寂しいぐらいなら、それを楽しみ、次も同じ味にしようと努めれば十分なのです。

いろいろ分析して、もっとおいしくしようと際限なく繰り返す必要はありません。考えることにもやりがいがあるかもしれませんが、楽しみが損なわれる場合もあります。それに、朝の1杯を淹れるときに、そんなことをしたい人はいないでしょう。

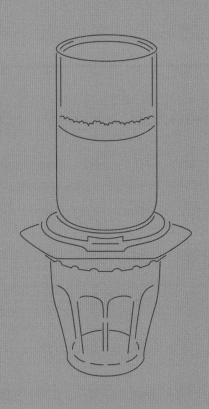

## 抽出器具で
## 最高の味を引き出す方法

| | |
|---|---|
| フレンチプレス | 98 |
| ハリオV60 | 102 |
| メリタ | 106 |
| カリタ | 108 |
| ケメックス | 110 |
| クレバードリッパー | 112 |
| エアロプレス | 116 |
| サイフォン | 120 |
| モカポット | 124 |
| コーヒーメーカー | 128 |

# フレンチプレス

フレンチプレスは過小評価されがちですが、嬉しいことに大変人気があります。

そのよさが知られないまま、戸棚でほこりを被っていることが多いかもしれませんが、これは、驚くほどシンプルにコーヒーを淹れられる方法です。この抽出器具の歴史で頭が少々混乱するのは、フレンチプレスという名で知られているからです。似たようなデザインで特許を取得した抽出器具は1852年にまで遡り、フランス人のマイヤーとデルフォージュによるものでした。ところが、それはまったく売れませんでした。一般的には、アッティオ・カルマーニが1929年に特許を取得したものが、この抽出器具の誕生とされています。カルマーニがイタリア人なので混乱するのです。最初はフランスで人気が出て〈シャンボール〉として有名になり、イギリスでは〈ラ・カフェティエール〉という名称で販売されました。どちらも現存しているブランドです。

## 淹れ方

**粉と湯の比率**：60〜70g／L
**粒度**：中挽き〜中細挽き
**購入時のアドバイス**：典型的なフレンチプレスはガラス製で、市販品も大半がガラス製である。だが予算が許すなら、ダブルウォール（二重構造）のステンレス製をお勧めする。その理由は二つある。第一に、ステンレス製は割れないからだ。ガラス製はそうはいかない。ガラス製でも高価なものは強化ガラスでできているが、ステンレス製なら一生使えるだろう。第二に、長めの抽出時間で温度が下がることが気になる場合でも、ダブルウォールのステンレス製はガラス製より保温効果が高いからだ。

ステンレス製の抽出器具を使うと、「嫌な」味や金属の味がすると言う人もいるが、私は目をつぶって試飲しても味の違いを感じたことがない。とはいえ、私にはない特別な感覚を持つ人もいるだろう。

**メンテナンス**：抽出後は毎回、洗剤と水で洗うこと。何らかの理由で茶色い汚れが溜まってきたら、エスプレッソマシン用の洗浄剤（私はカフィーザを使っているが、他のブランドでもかまわない）大さじ1杯程度（10g）を熱湯1Lに溶かし、数時間浸けてからよくすすぐ。

## 手順

**1** 抽出直前にコーヒー豆を挽く。フレンチプレスをスケールに載せ、コーヒーの粉を中に入れる。スケールをゼロに設定する。

**2** 湯を沸かして適温（94ページ参照）になったら、必要量を粉の上に注ぐ。そのまま4分間置く。

**3** 表面にできた膜を、大きめのスプーンでそっとかき混ぜる。

**4** 大きめのスプーン2本で、泡と表面に浮いている粉をすくいとる。

　3〜5分待つ。好みや、急いでいるかどうかによるが、時間は長いほどよい。なぜなら多くの粉、特に細かい微粉が底に沈むからだ。

**5** プランジャーをセットし、金属フィルターをコーヒー液の真上まで押し下げる。

けっして底まで押し下げないこと。底まで押し下げると、せっかく沈むまで待った微粉がすべてかき混ぜられ、ざらざらした不要な微粉がカップに入ってしまう。

**6** ゆっくりとカップに注ぐ。できるだけ微粉が入らないようにするため、注ぎ口を見ながら注ぎ、液中の微粉が増えてきたら、最後まで注ぐ前に止める。

さあ、コーヒーを楽しもう。

### ▶調整

フレンチプレスの楽しい点は、必要最低限のテクニックでおいしいコーヒーを淹れられることです。左図のテクニックは、抽出の均一性やプロセスの微調整ではなく、カップに入る微粉を減らすことに重きを置いています。このような浸漬式抽出の場合、非常に均一な抽出になりやすく、さまざまな粒度でおいしく抽出できます。挽き目が粗ければ長めに浸ければいいのですが、細かすぎると、カップに微粉を入れないように注ぐのが難しくなります。コーヒーが薄くて不快な酸味がある場合は、今度は少し細挽きにしてみましょう。少々濃すぎるか、苦すぎる場合は、少し粗挽きにすればバランスがよくなります。

フレンチプレス独特の質感をもっと濃くしたいという人もいます。この質感は、紙や布ではなく金属のフィルターを使うため、油分や細かい微粉がコーヒーに入ることで生じています。1回分の粉を少し増やせば（70g／Lぐらいまで）、質感を濃厚にすることができます。ただし、うまく抽出できないときに修正しようと粉を増やすのはよくありません。おいしく抽出できているけれど、もう少し濃くしたいときにだけ、1回分の粉の量を調節しましょう。

# ハリオV60

おそらく、いまのスペシャルティコーヒーの流行に最もかかわりが深い抽出器具です。

家庭でも職場でも見かけるV60は、基本的な抽出器具として欠かせないと言っていいでしょう。この円錐形のドリッパーは日本のハリオ製で、角度が60度のV字型であることからこの名前が付いています。シンプルで使いやすく、すばらしいコーヒーを淹れることができます。家庭用抽出器具の市場に出たのは比較的遅く、発売は2004年ですが、ハリオ自体は1921年創業です。

この手法では、あらゆる抽出法と同じく、コツを押さえることが大切です。コーヒーベッドが適度に攪拌されるように湯を注ぎ、最後にドリッパー内の出し殻がきれいに平らになるように、均一な抽出を心がけます。

私はさまざまな抽出器具を使いますが、V60は試金石となるすばらしいツールです。ペーパーフィルターによって濁りのないコーヒーができます。つねに同じ味を出しやすく、豆を少し細めに挽いてみたくなるので、私はいつもそれを楽しんでいます。では、最高の味にするための重要な秘訣とテクニックをお教えしましょう。最初は面倒に思えるかもしれませんが、そんなことはありません。ただ大事なことに集中すればよいのです。

### 淹れ方

**粉と湯の比率**：60g／L
**粒度**：中挽き〜中細挽き
**購入時のアドバイス**：最初は必ずプラスチック製を買うこと。最も安いが、ガラス製や金属製、セラミック製より保温効果が高く、おいしく淹れられる。

ペーパーフィルターが抽出時間に大きく影響することを知っておこう。ハリオはサプライヤーと提携してさまざまなペーパーフィルターを揃えており、抽出が速い紙のものもある。他にも多くのメーカーがすばらしいペーパーフィルターをつくっている。だがまず、無漂白の茶色いフィルターではなく、白く漂白されたものを使うことをお勧めする。無漂白だとコーヒーに紙の味が付くことがあり、この味を嫌う人が多い。

## V60の抽出表

この抽出法は、注湯を2回に分けることで最大の効果が得られる。注ぐ湯の量は、淹れるコーヒーの量によって変わってくる。下の表は、一般的な量での内訳である。

**重要ポイント**：重要なのは各回に注ぐ量ではなく、総累積量である。基本的には、抽出中にスケールに表示される数字だ。

| 1回分の粉の量 | | 15g | | 20g | | 30g | |
|---|---|---|---|---|---|---|---|
| 時間（分:秒） | 段階 | 注湯量(g) | 累積量(g) | 注湯量(g) | 累積量(g) | 注湯量(g) | 累積量(g) |
| 0:00〜0:45 | 蒸らし | 30〜40 | 30〜40 | 40〜50 | 40〜50 | 60〜80 | 60〜80 |
| 0:45〜1:15 | 注湯1 | 110〜120 | 150 | 150〜160 | 200 | 220〜240 | 300 |
| 1:15〜1:45 | 注湯2 | 100 | 250 | 130 | 330 | 200 | 500 |

4 おいしいコーヒーの淹れ方

## 手順

**1** フィルターに湯をかけてすすぐ。蛇口から出る湯がきれいで熱ければ、それでもかまわない。これで紙の味が取れ、ドリッパーも温まる。浅煎りのコーヒーほど、器具は熱いほうがいい。

ドリッパーをカップかサーバーに載せる。

淹れる直前に豆を挽く。ドリッパーの中に粉を入れ、指かスプーンで真ん中に小さな火口のような窪みをつくる。

**2** 沸騰したての湯を少量、粉の上にそっと注ぐ。粉全体を湿らせると、膨らんで炭酸ガスが放出される。これを「蒸らし」と言う。粉1gあたり湯2gが目安だが、必要に応じて少し増やしてもかまわない。

**3** 湯を入れたらすぐにドリッパーを持ち上げ、円を描くように揺する。粉全体と湯を完全に混ぜるためだ。塊や大きな泡ができたら、もう少し揺する。

そのまま約45秒置く。この間に粉がパン生地のように膨らんでくる。湯がいくらか下に落ちても問題ない。

**4** いよいよ、1回目の注湯を行う。目標は、約30秒かけて、湯の全量の60％を注ぐことだ。このとき、2杯用のドリッパーで1杯分を淹れているのでないかぎり、ドリッパーはかなり満杯になる。湯が均一にかかるように、やさしく円を描くように注ぐ。

▶ 調整

　注ぎ方のテクニックが身に付いたら、次に注目するのは、おもに粒度です。V60でおいしいコーヒーを淹れるためにはかなり細かく挽いてよいので、それに多くの人が驚きます。最初は、毎回少しずつ細かくしていくことをお勧めします。やがて、急にコーヒーが少し苦くなり、後味が悪くなります。これは不意に起こるもので、細かすぎるというサインです。少し粗めに戻せば最適な粒度になります。

　抽出時間を記録しておくと、突然の変化に気づきやすくなります。これはコーヒー豆を変えたときによく起こり、次においしく淹れるにはどう挽けばいいか（粗くするか、細かくするか）の目安になります。使用するペーパーフィルターによって抽出時間への影響が違うため、抽出時間の目安は3〜4.5分というおおまかな数字しか示すことができません。でも、あまり気にしないでください。コーヒーの粒度と注ぎ方のテクニックで、抽出の良し悪しはほぼ決まります。紙質のせいで湯の通りが遅くなり、抽出時間に違いが出ても、コーヒーの味はそれほど大きく変わりません。

**5** 次は、2回目の注湯だ。ゆっくりと、30秒かけて残りの湯をすべて注ぐ。このときも、やさしく円を描くように注ぐとよい。注ぎ終わったら、スプーンで（ティースプーン、スープ用、デザート用など、何でもよい）、円を描くように1回かき混ぜ、反対方向にもう一度やさしくかき混ぜる。ドリッパーの側面に粉が張りつくのを防ぐためだ。

**6** ドリッパー内の湯が3分の2ぐらいになったら持ち上げ、そっと回して揺する。側面に粉が張りつきにくく、コーヒーベッドが平らになりやすくなり、均一な抽出につながる。

　湯が全部落ちたら、フィルターと粉を捨て、自分で淹れたおいしいコーヒーを楽しむ。

# メリタ

メリタ・ベンツは、ペーパーフィルターによるハンドドリップ抽出法の開発者です。このドリッパーと製造会社の名称は、彼女にちなんで名づけられました。

ベンツが最初に発明したものは、ペーパーフィルター付きの円筒形のドリッパーで、1908年に特許を取得しました。1936年、メリタ社は円錐形のドリッパーと専用のペーパーフィルターを発売し、それ以来デザインはほとんど変わっていません。メリタ社はさまざまな技術革新を行い、1992年には、酸素漂白で白いペーパーフィルターを製造する技術を開発しました。この技術は現在、多くのメーカーでよく使用されています。

## 淹れ方

粉と湯の割合：60g／L
粒度：中挽き〜中細挽き
購入時のアドバイス：興味深いことに、この抽出器具の形はドリッパーとしてよりも、コーヒーメーカーでよく採用されているようだ。メリタと2、3の企業がこの形のドリッパーを製造していて、プラスチック製とセラミック製がある。プラスチック製は非常に薄くて、もろい感じがする。保温の点では問題ないが、持っていて嬉しいアイテムとは言えない。セラミック製はよいものが多いのでお勧めできる。私はよくこのドリッパーと〈Filtropa〉のペーパーフィルターを使うことを勧めているが、メリタのフィルターでも十分だ。

## テクニック

正直なところ、V60のテクニック（104〜105ページ参照）とたいした違いはない。メリタのドリッパーは底面の湯の出口が小さいので、同じ粒度の粉に同じ時間をかけて注ぐと、全体の抽出時間がV60より少し長くなる。ただし、これはフィルターの紙質にもよる。味を目安にして挽き目を少し調整しよう。

# カリタ

カリタは平底ドリッパーの代表的な存在です。

これは最も使用されている平底ドリッパーであり、カリタのウェーブスタイルフィルターも、多くの人にとってデフォルトの選択肢となっています。いまではカリタ以外にも平底ドリッパーをつくっている企業があるぐらい、この形は特にここ10年でとても人気が出ました。業務用のコーヒーメーカーで見られるような平らなコーヒーベッドの形が、均一な抽出のために役立つと感じる人が多いのです。テクニックと使いやすさから見ると、どのドリッパーにもよい点と悪い点があるので、一つの形が他より優れているとは言いがたいです。

## 淹れ方

**粉と湯の比率**：60g／L
**粒度**：中挽き〜中細挽き
**購入時のアドバイス**：カリタの金属製のドリッパーは人気があり、価格もお手頃だ。しかし、いまではよく似たドリッパーが多くあり、サイズもデザインもさまざまで、エスプロ、フェロー、エイプリルなどから市販されている。どれも優れたドリッパーだが、専用のペーパーフィルターが普及していないことがあり、安くも手に入りやすくもないかもしれないので気を付けよう。

## テクニック

V60のテクニック（104〜105ページ参照）で使えないものが二つある。蒸らしのときにドリッパーを回して揺することと、湯を注いだあとにもう一度揺することだ。これはフィルターの波状の形が湯の動きを妨げるからである。他のドリッパーより、平底ドリッパーはうまく注げるケトルを使ったときの効果が大きい。湯を粉全体に均一にかけることが目標なので、蒸らしのときと抽出中の湯の注ぎ方が重要だ。ゆっくりと、一定の速さで、円を描くように注ぐこと。注いでいる場所に注意し、コーヒーベッドの中で湯をかけ残した部分がないようにしよう。

# ケメックス

1941年にピーター・シュラムボーム博士によって発明されたケメックスの抽出器具。彼はドイツ人の化学者で投資家でもあり、特許法に魅力を感じてアメリカへ移住しました。

シュラムボームは300以上のさまざまなアイデアや発明品で特許を取得しましたが、ケメックスは紛れもなく最も成功し、長く使われているものです。その象徴的なデザインは、ガラス製の一体型で、最初は木製の取っ手が革ひもで固定されていました。クセはあるものの、魅力的な抽出器具です。ただ、コーヒーの味の特徴はおもに、ケメックス製の分厚いペーパーフィルターによるものです。

## 淹れ方

**粉と湯の比率**：60g／L
**粒度**：中挽き
**購入時のアドバイス**：木製のグリップを固定したものと、ガラス製のハンドル付きのものがあり、どちらも捨てがたい。木製タイプは見た目がいいが、洗うたびに外したり付けたりするのが面倒。ガラス製タイプは簡単に洗えるが、ハンドルが割れやすいので短命になりがちだ。小さいタイプは避けること。同じおいしさのコーヒーを淹れるのに苦労するし、プロポーションも美しくない。

## テクニック

V60のテクニック（104～105ページ参照）とあまり変わらないが、注意すべき落とし穴が二つある。まず、ペーパーフィルターが他のものよりかなり分厚いため、抽出時間が長くなる。そのため、私は他のドリッパーのときより少し粗めに挽くようにしている。次に、紙がガラスにくっつきやすく、湯を注ぐファネル（漏斗状の部分）にぴったり張りついてしまうことがある。そうなると抽出が止まってしまう。抽出器具の下部から空気が逃げられず、フィルター内の液体に背圧がかかるからだ。ファネルに紙が張りつかないようにしよう。右の写真のように、箸か何かをファネルに入れれば防げる。

4 おいしいコーヒーの淹れ方

# クレバードリッパー

クレバードリッパーの特許は1997年に台湾で取得されたのですが、少なくとも10年間はあまり人気が出ませんでした。

　このドリッパーの原理はとてもシンプルです。メリタの形を大きくしたような円錐形のドリッパーですが、底部にストッパー（弁）が付いています。ドリッパーをカウンターやスケールの上に置くと、ストッパーが閉じます。マグの上に載せると、ストッパーが自動的に開いて、ドリッパー内のコーヒーが下に落ちます。つまり、浸漬式と透過式の抽出法を組み合わせているわけです。ストッパーが閉じている間、粉と湯が均一に浸されます。この段階のあと、優れたテクニックによって透過が行われ、簡単においしいコーヒーが出来上がります。専用のケトルも不要ですし、手間をかける時間もそれほどいりません。リラックスしながら、おいしく淹れることができます。

### 淹れ方

**粉と湯の比率**：60g／L
**粒度**：中細引き
**購入時のアドバイス**：浸漬・透過式の抽出器具は他にも市販されている。ハリオの浸漬式ドリッパー スイッチはなかなかよい代替品だが、容量が少ない。同じ機能を持つ紅茶用の抽出器具もあるが、使わないほうがいい。クレバーからこのドリッパーが数種類出ているが、私はクラシックタイプにこだわりたい。安価で信頼でき、丈夫で使いやすいからだ。

　この抽出法は均一な抽出に重点を置いている。また、液体がドリッパーから落ちる最終段階（「ドローダウン」とよく呼ばれる）をすばやく行うことも目指している。他のテクニックでおいしいコーヒーを淹れる人も多いが、抽出時間が5分余計に延びると、ドローダウンが停滞してしまうことがある。

## 手順

**1** ペーパーフィルターに湯をかけてすすぎ、ドリッパーから完全に湯が抜けたことを確認する。

　ドリッパーをスケールに載せ、スケールをゼロに設定する。コーヒーの粉はまだ入れないこと。

**2** 湯を沸かし、抽出比率に合う量の湯を注ぐ。注意点として、ドリッパーには500gの湯も入らなくはないが、こぼれるリスクを考えて、450g以上の湯を抽出に使用するのは避けよう。この例では、300gの湯を使う。

**3** できるだけ早く適切な量のコーヒーの粉を入れる。この例では、18gの粉を入れる。

**4** 粉が全部湿って、乾いた部分がなくなるまで、ゆっくりかき混ぜる。

　2分待つ。粉が粗挽きで、挽き目を変えられないなら、この時間を増やしてもいい。

▶ 調整

　おいしいコーヒーにするには、おもに挽き目を重視してください。ただし、焙煎度に合わせて抽出温度（94ページ参照）を変えてみてもいいでしょう。抽出後にコーヒーベッドが平らにならないときや、不均一な部分が多いときは、かき混ぜ方に問題があります。強く混ぜすぎたり、渦をつくったりしてはいけません。また、ドリッパーをカップに載せるまで、必ず平らなところに置くようにしましょう。

**5** やさしくかき混ぜる。

約30秒待つ。

**6** ドリッパーをカップの上に載せる。何人かに分ける場合はサーバーに載せる。

湯が完全に落ちるまで待つ。平らなコーヒーベッドが残るはずだ。

紙を捨てて、コーヒーを楽しもう。

**4 おいしいコーヒーの淹れ方**

# エアロプレス

エアロプレスは魅力的な抽出器具で、誕生して少しすると有名になり、以降その地位を保っています。

発売されたのは2005年で、エアロビーというフライングディスクをすでにヒットさせていたアラン・アドラーが発明しました。航空力学専門のアドラーが、コーヒー抽出器具の開発に取り組んだのは少し意外です。彼がこれをつくろうと思ったのは、大半の家庭用抽出器具がポット用だったため、1杯分のコーヒーをおいしく淹れられないことに不満を感じたからです。出来上がった当初、コーヒー業界になかなか受け入れられませんでしたが、2008年頃にカフェで1杯分ずつ抽出するスタイルが流行すると、急に人気が出はじめ、以来、世界じゅうで何百万台も売れました。

興味深いことに、エアロプレスを使い出した人たちがとても満足するようすを、私は目にしてきました。多くの人にとって最初のシングルカップ用抽出器具であり、淹れ方が楽しく、コーヒーもそれまでのものよりずっとおいしくなるのです。さらにエアロプレスで実験したり、他の淹れ方や器具で試したりしている人もたくさんいます。

このデザインは、コーヒー抽出におけるさまざまな実験をしやすいことでも有名です。粒度や抽出時間、湯温など、他をあまり変えずに一つだけ変えることができるので、抽出への理解が深まるだけでなく、さらに実験したくなります。そのため、インターネットでもエアロプレスの抽出レシピが他の器具より多く見られます。

エアロプレスの使い方の手順（118〜119ページ参照）を書く際、私は次のことを目標にしました。出来上がりに影響を与える基本だけに絞ることと、簡単で繰り返しやすいものにすることです。これを信頼できるレシピとして毎日使ってください。とはいえ、いろいろな手法やテクニックの実験も恐れずにやってみましょう。

### 淹れ方

**粉と湯の比率**：55〜60g／L
**粒度**：中細挽き
**購入時のアドバイス**：オリジナルのエアロプレスを製造しているのはエアロプレス1社だけだが、オンラインでは模倣品がますます増えている。私はオリジナルを買うことをお勧めする。これは初心者にとっても安価な抽出器具だ。模倣品で1〜2割節約できても、構造や材料の質が悪ければ意味がない。エアロプレスはずっと前からBPA※不使用で、材質は信頼できる。また、少々多めに払ってでも、発明者を正しく支援することは大切だ。

※ ビスフェノールA。健康被害が懸念される物質

## 手順

**1** ペーパーフィルターをホルダーにセットする。湯通しはしない。紙が小さいので、それほど違いはないからだ。

ペーパーホルダーをチャンバー（エアロプレスの本体）に取り付け、カップかサーバーの上に載せる。

全部を丸ごとスケールに載せる。

粉を入れる。この例では、粉11gを使用。

スケールをゼロに設定する。

**2** 粉全体を湿らせるように湯を注ぐ。この例では、湯200gを使用。

**3** プランジャーをチャンバーにはめ込むが、まだ押し下げてはいけない。プランジャーをはめ込むことでチャンバー内を減圧し、底部からそれ以上湯が抜けないようにする。

2分待つ。

**4** チャンバーとプランジャーを一緒に少し持ち上げ、やさしく回して撹拌する。こうすることで、チャンバー内にできたクラスト（表面にできる層）が壊れ、粉が底に落ちていく。強く回したり、渦をつくったりしないこと。クラストを壊すだけでいい。

チャンバーとカップ（またはサーバー）はスケールに戻さない（台に置く）。

**5** 攪拌の30秒後に抽出できる。プランジャーをゆっくり押し下げる。体重をかけずに、腕だけで心地よい程度の力で押す。

約30秒かけて押し下げる(少々前後してもかまわないが、ゆっくりのほうがいい)。

**6** プランジャーが粉に届き、動かなくなるまで押す。カップから下ろす前に、プランジャーをほんの少し引き戻す。こうすることで、チャンバーから湯が落ちるのを減らせる。

パックを出す(コーヒーの出し殻のこと。押し固められて、アイスホッケーのパックのように丸くて硬い形になるので、こう呼ばれている)。器具を洗ったら、コーヒーを楽しもう。

## ▶裏ワザ的な淹れ方(2人分の淹れ方)

　エアロプレスについてよくある批判は、1度に1人分しか淹れられないということです。しかし、粉を多めに使い、サーバー内の濃いコーヒーを湯で薄めれば、2人分淹れることができるのです。左図と同じテクニックでできますが、以下のことにも注意してください。

**1.** この淹れ方をするときは、抽出の効果を出すために、できるだけ多くの湯を抽出に使います。私の経験では、22gの粉で240gの湯まで使えます。
**2.** 浸す時間を延ばすことで、粉1gあたりの湯量の少なさを相殺できます。4分間がいいでしょう。
**3.** 抽出後、不足分の湯160gを加えます。
**4.** これは、すばらしいアイスコーヒーの淹れ方にもなります。160gの氷の上に抽出すると、氷がほとんど解けて冷たいコーヒーになります。それを氷の上に注げば出来上がりです。

## ▶調整

　エアロプレスの調整では、さまざまな要素を限りなく微調整できるので、戸惑うかもしれません。とはいえ、おいしいコーヒーを比較的簡単に淹れられるはずです。おもに調整するのは粒度で、どれほど細かくしてもおいしくなることに驚くでしょう。エスプレッソ用まで細かくすることはお勧めしませんが、かけ離れてはいません。この範囲の粒度をモカポット用と記しているグラインダーもあります(ただし、モカポットだと別のアプローチになります。124〜127ページ参照)。

　抽出の際は強く押しすぎないように注意してください。私も試してみましたが、強く押すと、よい味を出すのが難しくなりました。

　抽出温度については、特にアラン・アドラーが80℃を推奨しているため、以前から重視されてきました。低温抽出でおいしくなるコーヒーも驚くほどありますが、やはり抽出温度は焙煎度に合わせ、浅煎りには沸点まで上げることを私はお勧めします(94ページ参照)。

# サイフォン

サイフォンは驚くほど古くからある抽出技術です。

日本のハリオや台湾のヤマなど、アジアのメーカーの印象が強いサイフォンですが、じつはヨーロッパ生まれです。最初のものは真空ポットと呼ばれ、1830年代にドイツで発明されました。1838年にフランス人女性ジャンヌ・リシャールが初めて商業的な成功を収めましたが、これはベルリンのロエフが発明した先のデザインを参考にしたものです。

この抽出器具の原理は比較的シンプルですが、やってみるととても楽しいものです。下のフラスコ内で水が沸騰すると、密閉されているため、管を通って上のロートへ湯が押し上げられます。フラスコが過熱されている間、湯はロート内に留まり、温度も一定に保たれます。ここでコーヒーの粉を湯に入れて浸します。抽出の最後にフラスコを熱するのをやめると、冷めて水蒸気が液化し、中が真空のようになります。するとロートから粉を通して湯が引き戻され、粉はフィルターによって留まります。フィルターは通常、布で金属の円盤を包んだものです。

演出効果があって魅力的ですが、難しい抽出器具です。味に失敗しやすいですし、よほど慣れないと、この手順を毎回行うのは大変です。サイフォンは2009〜2012年頃、一時人気が復活したことがありました。コーヒーを1杯分ずつ淹れるカフェが流行した時期です。いまではあまり見られませんが、サイフォンを使うカフェが多い地域を訪れたときは、探してみるのもいいでしょう。

## 淹れ方

**粉と湯の比率**：55〜65g／L
**粒度**：中細挽き
**購入時のアドバイス**：正直なところ、サイフォンは不当なほど高価だ。特に必要がないかぎり、大きなサイズのものを勧めようとは思わない。本当にどの程度使うのか、買う前によく考えよう。確かに最も演出効果のある抽出器具だが、その楽しみは繰り返すうちに減ってくる。

扱いにくい抽出器具だし、手入れも細心の注意が必要で時間がかかる（フィルターが紙の場合でも同様だ）。フィルターといえば、すでに布フィルターで満足しているのでなければ、ペーパーフィルターのアダプターを買うことをお勧めする。ロートにセットする手間が少しかかるが、作業全体がかなり楽になる。

## 手順

**1** 淹れる直前に必要量の豆を挽く。ただし、まだ中には入れない。

くみたての軟水をケトルで沸かし、必要量をフラスコに入れる。

**2** ロートに清潔なフィルターをセットし、フラスコの上に載せる。まだ密閉はしない。

小型のブタンガスバーナーや専用のハロゲンヒーターなど、自分が選んだ熱源でフラスコを温める。

**3** 沸騰したら、ロートをしっかり挿し込む。

湯がロートに上がってきたら、火を弱める。初めは激しく泡だっているが、次第に少し落ち着く。この時点まで待ち、真上からフィルターを見る。もし気泡がフィルターの片側から多く出ていたら、竹べらや長いスプーンを使って、慎重にフィルターを真ん中の位置へ戻す。

**4** コーヒーの粉を入れる。

粉全体が浸るようによくかき混ぜてから、タイマー（ストップウォッチ）をスタートさせる。30秒後、やさしくかき混ぜる。

**5** タイマーが1分になったら火を止め、やさしくかき混ぜる。時計回りに1回、それから反時計回りに1回かき混ぜるのがお勧めだ。逆にしてもかまわない。

**6** コーヒーが完全にフラスコに落ちたら、ロートを外し、コーヒーをすべてカップなどに静かに注ぐ。このコーヒーは非常に熱いので、気を付けよう。

### ▶調整

　サイフォンでの抽出には注意点がいくつかあります。おいしいコーヒーを淹れるのが難しいのはそのためです。他の抽出法と違うのは、浸すときの抽出温度が高くて一定であることと、最後に濾過するときに陰圧がかかることです。

　これはおもに浸漬法なので、粒度に合わせて抽出時間を変えてもいいですが、高温が続くため、抽出時間が長いと渋味が出てしまいます。なので、比較的短めにすることをお勧めします。

　次に、湯が落ちる最後の段階で、うまくいかなくなることがよくあります。出し殻が大きなドーム状になっていたら、抽出が不均一ということです。また、最終段階でコーヒーがなかなか下に落ちないのもよくありません。最高の味を引き出すには、最後にやさしくかき混ぜることと、挽き目にも微調整が必要かもしれません。また、できればコーヒーをすばやく冷まし、熱いままで飲まないようにしましょう。冷めれば苦味や渋味が和らぎます。

　最後に、布フィルターを使っている場合は、清潔にするよう心がけてください。カフィーザなど、エスプレッソマシン用のオーガニック洗浄剤で洗ってから、よくすすぎましょう。

# モカポット※

モカポットは、1933年にアルフォンソ・ビアレッティの会社によってつくられました。またたく間に人気デザインの一つとなり、イタリアをはじめ、世界じゅうの家庭で欠かせないものになりました。

モカポットは、イタリアで流行していた蒸気圧エスプレッソという新しい抽出法と（現在の高圧エスプレッソは1948年まで登場しませんでした）、三つの部分からなる〈ナポレターナ〉という抽出器具を組み合わせて発明されました。ナポレターナはドリップ式の抽出器具で、真ん中にコーヒーの粉を入れるバスケット、その上から湯を落とすためのボイラー、下に置いてコーヒーの液を集めるサーバーがあります。アルミニウム加工に長けていたビアレッティ社は、ナポレターナの上下を逆にしたようなデザインを考えました。つまり（重力を利用せず）、下のボイラーから蒸気圧で湯を上に押し上げ、コーヒーベッドを通して上のサーバーに液を集め、それをカップに注ぐのです。

モカポットのコーヒーは初期のエスプレッソにかなり似ています。現在のフィルターコーヒーより濃いですが、いまのエスプレッソほど濃厚ではありません。きちんと使えば、すっきりと甘く、よく抽出されたおいしいコーヒーを淹れることができます。

モカポットは定期的に手入れしましょう（127ページ参照）。溜まった汚れには味わいやプラス効果があるという考えは間違っています。汚れは苦味や渋味を増すだけなので、味をごまかすために砂糖を入れることになるでしょう。

## 淹れ方

**粉と湯の比率**：100g／L
**粒度**：中細挽き
**購入時のアドバイス**：ビアレッティのモカポットが標準的なものだ。通常、他のブランドより大幅に品質がいい。見た目が美しいだけでなく、構造もしっかりしている。加圧容器なので、圧力を保つパッキンは、きちんとした状態にしておきたい。また、安全に圧力を放出するための安全弁も重要。

この器具のアルミニウムの安全性に懸念を抱く人もいるが、事実無根のようだ。アルミニウムの使用とアルツハイマー病との相関関係を示すエビデンスはない。ただ、私はビアレッティのIH対応モカポットを愛用している。品質がよくて重みがあり、さまざまな熱源で使える。値段は高くなるが、きちんと手入れすれば一生使えるだろう。

**湯量について**：モカポットのボイラーに湯を入れるとき、安全弁の下までしか入れてはいけない。それ以上入れると、弁が開いたときに、蒸気ではなく加圧された湯が吹き出すからだ。湯量はバスケットとも関係がある。通常は、湯を最大量入れ、粉を押さえ付けずにバスケット満杯に入れると、比率は約100g／Lになる。この比率はどの抽出器具にも適用できる。

※ 日本では「マキネッタ」ともよく呼ばれる

## 手順

**1** ポットが清潔で、パッキンも清潔で適切な位置にあることを確認する。ボイラーとサーバーが接するねじ状の凹凸にも注意し、汚れていないか確認する。

　粉をバスケットに入れる。押し付けず、均一になるように詰める。

　ケトルで湯を沸かし、沸騰したての湯をボイラーに入れる。

**2** バスケットをボイラーにそっと落とし込む。

**3** タオルでボイラーを包んで持ち、サーバーを回してセットする。パッキンが圧迫されて、しっかり密閉されたことを確認する。

**4** ポットを火にかけ、中火から弱火にする。強火にしないこと。

　ふたは開けておく。

　まもなくコーヒーがゆっくりと上がってくる。このとき、液の流れを止めずにできるだけ火を弱める。ガスコンロならいちばん弱火にする。IHコンロならスイッチを切って、ポットを端のほうへ移動させる。

　耳を澄まして、ポットからパチパチ、ボコボコ、シューシューという音が聞こえたら、火から下ろす合図だ。もしくはコーヒーの流れを見つめて、液が吹き出したり、蒸気が増えたりしたら火から下ろそう。

**5** ボイラーに冷たい水道水をかける。これで抽出をすばやく止め、抽出温度が高くなりすぎて苦味が出るのを防ぐ。

すぐにコーヒーをカップに注ぐ。サーバーの中にコーヒーを残しておかないように。フレーバーが早く劣化してしまうからだ。

コーヒーを飲んで味わおう。ただし、できるだけ早くポットを洗ったほうがいい。

> **メンテナンス**：抽出器具の中に溜まった汚れを自慢する人がよくいる。でも、この汚れの層はコーヒーの液が乾燥したものなので、取り除くか、できれば溜まらないようにしてほしい。清潔な抽出器具のほうが苦味の少ないコーヒーになる。とはいえ、苦味に対する好みは人それぞれだということも私は理解している。
> 汚れが溜まった、あるいは古い器具を見つけてクリーニングしたい場合は、エスプレッソマシン用の洗浄液（洗浄剤10gに対して熱湯1L）に浸けるとよい。器具の状態によっては、少しこするか、再度浸ける必要があるかもしれないが、最後には完璧に取れて、清潔で素敵なモカポットになるだろう。

### ▶調整

モカポットで最も難しい点は、粒度と熱の調整です。私がIHコンロを愛用している理由の一つは、火加減を毎回正確に設定できるからです。一方、ガスコンロは、多くの家庭用モカポットの場合、火加減を正確に調整するのが大変です。少し試行錯誤してみましょう。火が弱すぎると中の粉が熱くなり、苦味が出ることがあります。火が強すぎると圧力が高くなり、不均一な抽出になって、渋味が出るかもしれません。

次に、濃厚かつ苦すぎないコーヒーを淹れるには、粒度が重要です。エスプレッソに近い濃さが欲しいなら、細めに挽いて湯を減らせばいいのですが、細挽きにするほど、よい抽出になる確率が下がり、抽出が面倒でいらだたしく感じるでしょう。

最後に、中にペーパーフィルターを使うことが増えているので、一言触れておきましょう。モカポットの2か所にペーパーフィルターを置くことができます。粉の下か、粉の上、もしくは両方でもかまいません。それぞれが別の効果をもたらします。粉の下に置くと、湯がコーヒーベッドを満遍なく通るようになります。すると不均一な抽出が減り、味が少しよくなります。エアロプレス用のフィルターを使う人が多いようです。粉の上にフィルターを置くと、コーヒー液をさらに濾すことになります。すると、コーヒーオイルや浮いている粉が取り除かれ、泡も少し減ります。この2段階目の透過によって、コーヒーの苦味が減少します。

抽出調整のための簡単なチェック法は、できたコーヒーの重量を量ることです。多くても最初に入れた湯量の65〜70%でしょう。もし抽出量が少なかったり、浅煎りを抽出する際にもっと抽出量が欲しかったりしたら、抽出液が上がってきたときにさらに弱火にしましょう。すでに最弱にしている場合は、ポットを火にかけたり下ろしたりする必要があります。液の流れをじっと見つめながら、流れが遅くなったら一瞬火にかけ、速くなったら少し冷まします。

# コーヒーメーカー

コーヒーメーカーにはさまざまな呼び方があり、家庭用コーヒーメーカー、バッチブリューワー、ドリップマシンとも呼ばれます。

この抽出器具は昔から使われてきました。かつては、品質や性能より、値段の安さや便利さを重視したものが大半でした。初の自動式の電動ドリップコーヒーメーカーは、1954年にゴットローブ・ビドマンが考案した〈ビゴマート（Wigomat）〉でしょう。1970年代にはアメリカで〈ミスターコーヒー〉というブランドのコーヒーメーカーが流行し、電動パーコレーターの代わりに利用されるようになりました。

一般的なコーヒーメーカーは、保温板の下にヒーターがあって、水が熱せられると、膨張と蒸気の力で管を上がっていき、コーヒーの上に注がれるという仕組みになっています。

## 淹れ方

**粉と湯の比率**：60g／L
**粒度**：中挽き〜中粗挽き
**購入時のアドバイス**：お勧めは、できれば多少高価なもの。スペシャルティコーヒー協会（SCA）が認証したものを探そう。きちんと抽出できて、おいしいコーヒーになる。あとはデザイン・価格・機能で決めればいい。私が好きなのは、朝の決まった時間に抽出できるマシン。それがあれば、淹れたてのコーヒーの香りとともに目覚められる（豆は挽きたてのほうがいいが、前夜から10時間たったぐらいではさほど劣化しない。朝の1杯目のコーヒーに対する評価は甘くなりがちだ）。

コーヒーを保温板で温め続けるとすぐに味が落ちるので、断熱サーバー付きのものがいい。ただし、このサーバーは少し冷めやすく、洗いにくい。また、ガラス製のポットほどうまくは注げず、中にコーヒーが少し残るのが気になる。

**メンテナンス**：断熱サーバー内の汚れを取るには、エスプレッソマシン用の洗浄剤がお勧め。私はアーネックス社の〈カフィーザ〉を愛用しているが、他のメーカーのものでもかまわない。コーヒーメーカーを長く使ううちに問題となるのは、石灰鱗が付くこと。それはどんな硬度の水でも避けられないが、対処するのはそれほど難しくない。熱すぎたり、ぬるすぎたり、出るのが遅くなったりするなど、いつもと違うと気づいたら、手入れをする時期だ。スーパーや通販で買えるクエン酸を使えば、簡単で安全に石灰鱗を落とせる。約5％のクエン酸溶液をつくり、コーヒー豆を入れずにスイッチをオンにし、溶液を中に通せばいい。溶液を捨てたら、今度は水を1L通す。溶液が残っていないか確かめたければ、さらに少量の水を通して味見してみる。ピリッとした酸味を感じたら、再び水を通して酸を洗い流す。食用のクエン酸は、口に入れても心配ない。

安いものだと、理想的な抽出温度になりません。最初はぬるく、抽出中に少しずつ熱くなり、最後はほぼ沸騰した状態になりがちです。温度を設定できるコーヒーメーカーもありますが、そうした機種はかなり高くつきます。でも、一度に大量のコーヒーを抽出できるような便利なものが欲しいのであれば（500mL以上淹れる必要があるなら）、うってつけかもしれません。

## コツ

家庭向けのコーヒーメーカーに、手順のガイドはいらない。必要量のコーヒーと軟水を入れ、スタートボタンを押すだけでいい。この簡単さが魅力だ。手順を説明する代わりに、機能の少ない安価な機種を使うときのコツと次善の策を紹介する。

**温度：**安価なものは抽出温度が低い。浅煎りの場合は、水ではなく湯を入れるのがお勧め。そうしても何も問題はない。抽出温度が高いほどコーヒーがおいしくなる。シンクの蛇口から出る湯ではなく、ケトルで沸かそう。

**蒸らし：**高価なコーヒーメーカーには蒸らしの段階があるが、大半のものにはない。蒸らしたほうがおいしくなるので、いくつかの方法を紹介しよう。少し抽出したところでマシンを停止させてもいい。私は20〜30秒待ってから、必ず、揺すったりかき混ぜたりする。また、安価なものの場合、最後の数滴が保温板に落ちないよう、フィルターの下にドリップストップ機能が搭載されていることが多い。つまり、サーバーをセットせずに抽出すると、湯がフィルターバスケットに留まり、一種の蒸らし状態になる。

**撹拌：**ほとんどの場合、最初と最後に、揺すったりかき混ぜたりすることでコーヒーがおいしくなる。ただ、このタイプのコーヒーメーカーのセールスポイントは手軽さだ。コーヒーが少しずつおいしくなる喜びと、作業が少しずつ面倒になることの間でバランスをとるしかない。

## ▶調整

コーヒー豆の量が関係してくるので、調整は少し面倒です。私の場合は、中挽きから始めて、浅煎りの豆なら細挽きに、深煎りの豆なら粗挽きにします。味見をする前にサーバー内のコーヒーをかき混ぜ（よく混ざるようにファンネルという補助器具が付いているものもあります）、冷ますのを忘れないようにしましょう。熱いままだと苦味を感じることが多く、必要以上に粗挽きにしたくなってしまうかもしれません。

4 おいしいコーヒーの淹れ方

5

# アイスコーヒーとコールド・ブリュー

生まれ育った環境によって、アイスコーヒーは、暑い日にすっきりと気分を盛り上げるすばらしい癒やしにもなれば、お金を払って飲む人がいるのが信じられないほど魅力のない、不可解なものにもなります。

冷たいコーヒーには2種類のアプローチがあります。その両方に熱心なファンがいて、論争になることも少なくありません。二つのアプローチを研究し、最良の方法を検討してみましょう。そうすると、私がどちら派なのか、みなさんにはすぐわかってしまうと思いますが……。

## アイスコーヒー

二つのアプローチの違いは、挽いたコーヒー豆を湯で抽出するか、冷たい水で抽出するかです。まずは、湯での抽出と、それが抽出プロセスに与える影響についてお話しします。

## フィルターで淹れるアイスコーヒー

この淹れ方は、日本式アイスコーヒーと言われることがよくあります。そう呼ばれるのにきちんとした根拠や前例があるのかはわかりませんが、日本には、とてもユニークなアイス缶コーヒーが驚くほど豊富にあります。この抽出法は、フラッシュ・ブリュー・アイスコーヒー（急冷式アイスコーヒー）とも呼ばれます。ふつうのハンドドリップで淹れるのとかかる時間が変わらないので、急冷式と呼ばれるのはおかしい気がするかもしれませんが、コールド・ブリュー（水出し）と比べると、間違いなくずっとすばやくつくれます。

このコーヒーを氷で冷やすときには、薄まらないようにする工夫が欠かせません。フィルターを使った淹れたてのコーヒーをしっかり冷やすには、かなりの量の氷が必要になります。わかりやすい調整法としては、水を少なくして濃く淹れる方法がありますが、92ページでも触れたように、適切に抽出するのは難しくなります。

私はハンドドリップ式で抽出されたコーヒーを冷やすテストをかなり実施し、アイスコーヒーには、抽出に使う水量全体の約3分の1を氷にする必要があるとわかりました。そのため、30gのコーヒーを抽出するときには通常500gの水を使用しますが、アイスコーヒーでは氷を165〜170g使うため、330〜335gの水を使ってコーヒーを抽出します。やや細挽きになるように、粒度を調整しなくてはなりません。それから、コンタクトタイム（湯と粉の接触時間）を長くして、湯をいつもよりゆっくりと注ぎ、抽出量を少し増やしてもかまいません。

他にも、アイスコーヒーを1杯淹れるのに最適な抽出器具として、エアロプレスがあります。これなら、コーヒーが氷に触れる前に、簡単にしっかりと粉を湯に浸せます。アイスコーヒーをハンドドリップ式で淹れる方法も、エアロプレスで淹れる方法も紹介していきます。

# ハンドドリップ式アイスコーヒー

基本的な淹れ方は104〜105ページで紹介したV60のテクニックと同じですが、いくつか簡単な調整をします。

まず、抽出を始めるとき、抽出に使う水の40％分の氷をカップかサーバーに入れます。つまり、V60でコーヒーの粉30gに対して500gの水を使う場合、ここでは300gの水と200gの氷を使うのです。

使う水が少なくなるので、豆をほんの少し細挽きにします。氷の上に注ぐときは、コーヒーが多少薄まってもいいように、コーヒーの粉の割合を少しだけ増やします。水1Lあたり、粉65〜70gにしたほうがいいでしょう。

それ以外はV60の方法と同じですが、湯を注ぐ時間は明らかに短くなるでしょう。抽出を均一にするために最後にかき混ぜます。

抽出を終えるまでに、ほとんどの氷が解けているはずです。氷がたくさん残っているようなら、次回からは氷の量を減らし、抽出に使う水の量を増やして、全体の量を同じにしましょう。

5 アイスコーヒーとコールド・ブリュー

# エアロプレスで淹れるアイスコーヒー

基本的な淹れ方は118〜119ページのエアロプレスを使ったテクニックと同じですが、少しだけ調整します。

前ページのV60で淹れるアイスコーヒーと同じく、抽出に使う水量全体の約40％の氷をカップかサーバーに入れます。

エアロプレスを使う場合、かなり少量を抽出するか、2人分淹れます。エアロプレスで2人分以上を抽出できるのは珍しいことです。1人分なら、12gのコーヒーの粉を120gの湯で、80gの氷の上に抽出します。2人分なら、粉が24g、湯が240g、氷が160gです。エアロプレスには、約240gの水しか入れられません。

ここでは抽出時間を延長するのが有効なので、118〜119ページの淹れ方でのメインの抽出時間より2分長くすることをお勧めします。

# アイス・エスプレッソ・ドリンク

湯で抽出するアイスコーヒーには、他にもアイス・アメリカーノやアイス・ラテなど、エスプレッソをベースとしたものがあります。

アイス・エスプレッソ（エスプレッソを氷の上に注いで冷やしたもの）が敬遠されてきた歴史があるのは、エスプレッソが冷やされてわずかに薄まる過程で、出来上がった1杯の苦味がかなり強まるからです。氷がエスプレッソの味に「大きな影響を与える」ため、アイス・エスプレッソを頼まないという人がいたり、提供しないカフェがあったりするとよく耳にします。私としては、こうした話には疑問が残ります。すばやく冷やしてもゆっくり冷やしても、エスプレッソは冷たいほど苦味が増すものだからです。氷でエスプレッソを薄めると苦味が増すのは、アメリカーノも同じでしょう。

アイス・エスプレッソ・ドリンクは苦味が増すので、その苦味を和らげるために、一般的に少し甘めになっています。必ずしもそうする必要はありませんが、少し甘くなっているアイス・ラテが多い理由を知っておいて損はありません。テクニックについて触れると、アイス・エスプレッソ・ドリンクをつくる場合、調整したり変えたりはほとんどしません。あとは、希釈された液体と氷を使用するため、少し大きな器が必要なくらいです。

他のエスプレッソの淹れ方については、204～213ページをごらんください。

5 アイスコーヒーとコールド・ブリュー

# コールド・ブリュー・コーヒー

冷たい水や常温の水でコーヒーを淹れることについては、驚くほど意見が二分されます。これ以外のコーヒーは飲めないという人もいれば、こんな気の抜けたコーヒーは飲めたものではないという人もいるのです。どうしてそこまで意見が分かれるのかを分析する前に、何がコールド・ブリューに違いをもたらすのかを理解するため、抽出理論について見ていきましょう。

94ページで触れたように、抽出に使う湯の温度が高いほど、挽いた豆から可溶性のフレーバーがよく抽出されます。温度が低いと、一部の酸やその他の化合物が抽出されず、酸性度の低い1杯になります。そのため、胃酸の逆流といった消化器系の問題が起こりにくくなるよう、意図して淹れられることも多いです。抽出温度を低くすると、フレーバーにも大きな影響があります。コールド・ブリューの特徴である、チョコレート風味の強いまろやかな味わいを楽しむ人も少なくありません。

コールド・ブリューには課題もあります。まず、水の温度が低く、フレーバーが効果的に抽出されないため、コーヒーをきちんと抽出するのに時間がかかります。この問題は、コーヒー豆をもっと細かく挽いても（一見、これで解決できそうに見えますが）すぐには調整できないため、複雑です。冷たい水を使用して、細かく挽いた豆をフィルターで淹れるのはかなり難しいのです。つまり、通常はハンドドリップ式よりも粗く挽いた豆で淹れるので、コールド・ブリューを効果的に行うには、長い時間をかけることになります。この方法でうまくいきますが、残念なことに、抽出されたコーヒーが空気中にある酸素に触れる時間が長くなってしまいます。そのせいで、コールド・ブリュー・コーヒーの多くは酸化した味になり、ひどく嫌がる人も少なくありません。ですが、まさにその「コールド・ブリューの風味」が好きなだけでなく病みつきになる人もいます。私の主観的な好みを客観的な事実のように伝えることはできないので、コールド・ブリューが劣っているとは、けっして言えません。

さらに、粗挽きの豆からは長時間かけてもあまり抽出されないという問題を軽減するため、注水量に対する粉量の割合を増やすこともよくあります。そうすると、適切に抽出させるのが難しいものの、味は濃くなります。とはいえ、冷たい水で淹れているため、未抽出となると、味は実にさまざまです。一般に、未抽出のコーヒーは酸味が強いものです。このもとになる酸が抽出されるには、もっと高い温度の湯が必要なようなので、未抽出のコールド・ブリュー・コーヒーは、味が薄いと、嫌な味になることがよくあります。注水量に対する粉の比率が高いことには二つの問題があり、そのうちの一つはわかっている人もいるでしょう。まず、1杯あたりのコストが明らかに高くなります。使い終わ

った粉によいフレーバーがいくらか残ってしまい、無駄になるのもいただけません。もう一つの問題は、カフェインが水にかなり溶けやすい物質であるため、カフェインの効果がより強くなるように思われることです。それが朗報だという人もいれば、まったくそうではない人もいます。もちろん、デカフェやハーフカフェ※からもコールド・ブリュー・コーヒーはつくれますし、それがおいしくないなどということもありません。

短時間でコールド・ブリュー・コーヒーを淹れられる抽出器具や機器が、市場にたくさん参入しています。そうした製品では、抽出速度を上げるために、攪拌したり圧力をかけたりといった方法が使われているでしょう。そうすることで、コーヒー豆の使用量を減らすことができ、抽出時間も短くなり、酸化した風味が苦手な人もそれを避けられるかもしれません。そうした道具を細かくまとめて紹介するスペースがないため、本書では扱いません。それらについては、これまでの私の経験から、懐疑的な思いとともに希望も抱いています。こうした方法でコールド・ブリュー・コーヒーを短時間で効率よく淹れられるようになるはずです。とはいえ、ホットコーヒーやアイス・ブリュー・コーヒーと同じような1杯にはならないでしょう。温度をごまかすことはできないのですから。

ここでコールド・ブリューの淹れ方を紹介するかどうか、何度も迷いました。紹介しないことに決めたのは、私が特に気に入っている既存のテクニックに連なる新しい手法を思いついていませんし、他の人の淹れ方をここで再現するのも本書の趣旨に反する気がするからです。コールド・ブリューが好みなら、ぜひ実験をしてみてください。これは、コーヒーの淹れ方の中でおそらく最も失敗しにくいものです。粒度を少し間違えても、抽出時間が思ったより長かったり短かったりしても（24時間のつもりで26時間抽出してもほとんど変わらないでしょう）、きっと気に入る味に近づけるはずです。そういうのもなかなか悪くありません。

※ ハーフカフェは、カフェイン量が半分のコーヒー豆

5 アイスコーヒーとコールド・ブリュー

6

# おいしいエスプレッソの淹れ方

　エスプレッソは、すばらしい飲み物になりえます。濃厚で、豊潤で、複雑な味わいがありながら、それはつかの間のものです。ここ数十年の間に、エスプレッソは多くの人にコーヒーの最高峰とみなされるほどの高みまでのぼりつめました。私はそうした人たちの1人ではありませんが、エスプレッソの魅力的な抽出方法にひかれることと、それが楽しいことはよくわかります。

　本当においしいエスプレッソを自分のために淹れると、驚くほど満足感が得られます。しかし、そうなるまでにかかる時間、労力、必要になるものについて、はっきり伝えないのは無責任でしょう。たくさんの人から、エスプレッソマシンを買ったほうがいいかと尋ねられます。結局のところ、そうした人たちはエスプレッソやカプチーノが大好きで、自宅にマシンがあると考えるだけで心をそそられているのです。私はいつも「新しい趣味が欲しいですか？」と尋ねかえします。みんながみんなそうなのではありませんが、私も家にはエスプレッソマシンを持っていないと知って、驚く人は少なくありません。

　本章では、道具からテクニックまで、エスプレッソの抽出に影響するさまざまな要因や要素を扱います。私はとにかくみなさんにコーヒーを楽しんでほしいだけなので、豪華な設備や上質な豆の用意から、下準備、後片づけまでもしてくれる（！）、すばらしいカフェで買っていただいても、いっこうにかまいません。

# エスプレッソの原則

エスプレッソは、ある問題を解決するために生まれました。すばやく淹れるには、限られた時間ですべての風味を余すことなく抽出できるよう、豆を細挽きにしなくてはなりません。問題は、このように豆を細挽きにすると、重力だけでは抽出液がコーヒーベッド（粉の層）を通っていかないことです。

挽いた豆に湯を通し、すばやく抽出するには圧力が欠かせません。当初は、ボイラー内に閉じ込められた蒸気を利用して圧力をかけていたため、それほど高圧ではなく、1〜2バール※ほどでした。そのため、出来上がったコーヒーは、黄金色のクレマ（液面に浮かぶ泡）の層がある濃厚な1杯ではありませんでした。最初の頃、エスプレッソはモカポットやフィルターで淹れたコーヒーにずっと近かったのです。技術革新と進歩によって、現在は、電動ポンプや圧縮ばね、レバーを使った腕の力だけで、はるかに高い圧力をかけ、いま私たちがよく知るエスプレッソを淹れることができます。

「エスプレッソ」の名前の由来は、英語の「express」と同じく、イタリア語で二つの意味を持つ単語です。その意味とは、「速い」と「絞り出す」です。エスプレッソは、そのスピードと素材としての柔軟性のおかげで、いろいろな人にさまざまなコーヒーを提供する方法としてビジネスの世界で人気になりました。とはいえ、エスプレッソが多くの企業でコーヒーの淹れ方として最初に選ばれたり、唯一の選択肢になったりすることが多くなり、世界じゅうがイタリア文化に夢中になってそれを後押ししたことで、エスプレッソはコーヒーの淹れ方の「最良の」方法（最高峰）として、多くの人にナンバーワンとみなされるようになったのです。

じつは、これは正しくありません。エスプレッソはすばらしいコーヒーの淹れ方ではありますが、他の方法と比べて優れているわけではないのです。それどころか、エスプレッソの独特なプロセス、つまり短い抽出時間、高い抽出圧力、細挽きのコーヒー豆といったものがすべて合わさることで、厄介で、いらだつことの多い淹れ方になっています。料理の世界全体で見ても、最も神経質で難しい淹れ方だと叫ばれてきましたが、正直なところ、私はそれにうまく反論できません。

しかしながら、いったんエスプレッソの重要な原則を理解してしまえば、うまく調整できるようになるでしょう。完璧に把握するのは難しそうでも、毎日簡単に、何度もエスプレッソを淹れて楽しむことは確実にできます。

## エスプレッソで大事なのは抵抗をつくること

優れたエスプレッソマシンは、一定の圧力と温度で湯を押し出します。エスプレッソの抽出

※ 圧力の単位。1バール＝約0.99気圧

6 おいしいエスプレッソの淹れ方

をコントロールするには、コーヒーの粉に湯が通りやすくしたり、通りにくくしたりして調整します。通過するのが遅いほど、フレーバーが抽出されやすくなります。これは比較的単純なことのようですが、レシピやプロセスをほんの少し変更しただけで、出来上がったエスプレッソの味がすっかり変わってしまうため、気がつかないうちにフラストレーションが溜まるでしょう。

何よりもまず、バスケットに入れるコーヒーの粉の量、粒度という二つの要素で、抵抗を調整します。かなりわかりやすいことですが、バスケットに入れるコーヒーの量を増やすほど、抵抗が大きくなり、抽出は遅くなります。詳しくはのちほど触れますが、ほんの少しの変更（たとえば、粉の量0.5gの増減など）をしただけで、エスプレッソの抽出の仕方にかなり大きな影響を与えることを、ここでお伝えしておいたほうがいいでしょう。

粉の粒度は、砂や小石のように考えるのがいちばんわかりやすいです。小石でダムをつくろうとしたら、小石と小石の隙間から簡単に水が抜けてしまいます。しかし、砂を使えば隙間がずっと小さくなるため、水への抵抗をもっと大きくできます。コーヒーでも同じことが言えます。細挽きにすると、抵抗が大きくなり、ゆっくりと抽出されるのです。

私たちは、それとは別の二つの要素でエスプレッソを加減することもあります。それは、コーヒーベッドから押し出される抽出液の量と、抽出にかかる時間です。そうすることで、流量[※1]を知ってレシピを調整し、コーヒーをおいしくしたりおいしさを保ったりするためにどんな点を変更すればいいかがわかります。

この四つの要素（粉の量、粒度、エスプレッソの抽出量、抽出時間）のうち三つは、レシピの一部として紹介されることが多いでしょう。焙煎業者は、28〜30秒でエスプレッソ36gを入れるには18gの豆を挽いたほうがいい、と勧めるかもしれません。どの粒度にすればいいのかを教えてもらえたら助かるのですが、粒度をきちんと伝えられる方法はありません。適切な粒度かどうかを知るには、分量をしっかり調節して抽出し、その抽出時間を計るしかないのです。それから、望んだ抽出時間になるまで挽き目を調整します。

コーヒー業界では、あるいはもっと広いコミュニティでも、この工程を「メッシュ調整（ダイヤル調整）」と呼んでいます。最初、これは試行錯誤の工程のように思えるでしょう。メッシュ調整には、誰もが犯しがちな共通のミスがいくつかあり、そのせいで全体の工程がめちゃくちゃになったり、よくわからなくなったりします。これからいくつか紹介します。

### チャネリング（**不均質な抽出**）

エスプレッソが複雑なのは、かなり高い圧力をかけることで問題が起こりうるからです。細挽きの粉が詰まったコーヒーベッドに湯を通す

[※1] 一定時間あたりに移動する量

には高い圧力をかけなくてはなりませんが、圧力のかかった湯は抵抗の少ないところを流れます。本当においしいエスプレッソを淹れるには、湯がコーヒーベッドをきちんと均質に通過しなくてはいけません。しかし、コーヒーの粉が密に詰まっていないところに湯が流れ、そこをすぐに通過してしまうことが頻繁に起こります。これをチャネリングと言います。

エスプレッソがチャネリングを起こすときには、コーヒーベッドの1か所を通る湯の割合が大きくなっています。そこにできた狭い経路（チャネル）では、味わいが抽出されやすく、きつい苦味が出てきます。それに比べて、他の部分を通る湯は少なく、適切に抽出されないので、酸味も加わって仕上がります。ひどいチャネリングを起こして抽出されたエスプレッソはかなりまずいです。

チャネリングやその原因、対処法、そして、それがどれだけありふれたことであるかは、ここ数十年でぐっと理解されるようになりました。注意しなくてはいけないのは、一流の熟練したバリスタが、ありとあらゆる道具を駆使しても、ときにチャネリングを起こしてしまうことです。あまり起こらないのが、望ましくはありますが。かなりの水圧がかかると、チャネリングを完全に防ぐのはとても難しいのです。ですが、エスプレッソを淹れるときはコーヒーベッドが均一になるように意識すると、よりおいしい1杯が得られるでしょう。パック※2を準備するテクニックやタンピング※3については186〜189ペー

ジで説明します。

ここで、抽出温度についても触れておきましょう。これは、たびたび議論の的になり、焙煎業者から、あるいはネットのコミュニティで提案されるエスプレッソのレシピにもよく見られます。いまでは、ボタンやダイヤル、画面での選択によって、デジタル制御で、簡単に抽出温度を調整できるマシンもたくさんあります。詳しくは後述しますが、メッシュ調整の原則を学ぶにあたって、温度については別の話だと考えてください。

ここから数ページかけて、メッシュ調整の実践的な工程と、みなさんが淹れるコーヒーのレシピやテクニックの調整方法について説明します。コーヒーの抽出方法とエスプレッソの味にはさまざまな要素が関係します。最高のエスプレッソを追い求め続けるにあたって、味こそが道しるべとなり、あなたの行く手を教えてくれるでしょう。

## エスプレッソを味覚でメッシュ調整する

少し練習すれば、エスプレッソの味を見て、各要素を適切に変え、きちんと微調整して、次の1杯を成功に導くことができるでしょう。とはいえ、多くの人は、プロのテイスターのような経験やスキルはないと思っていて、味覚に頼ると考えるだけでおじけづき、いらいらするものです。

コーヒーの抽出について話していると、未抽

---

※2 粉を押し固めて、アイスホッケーのパックのようにしたもの
※3 粉を均等に強く押し固めること

出や過抽出といった言葉をよく耳にするでしょう。こうした用語の詳しい説明は、88〜89ページの「コーヒー抽出の普遍的理論」をもう一度見てください。抽出におけるさまざまな失敗と関係する二つの重要な味について、これから見ていきましょう。それは、酸味と苦味です。

ほとんどのスペシャルティコーヒーには酸味がありますが、その度合いは、焙煎度、豆の品種、精製方法、農園のテロワールに左右されます。酸味は、コーヒーだけでなく料理の世界全体でも、味覚体験をすばらしくしてくれるものの一つですが、難しいのは、多くの人にとってバランスをとりにくいところです。強すぎて不快な酸味は楽しめません。シャリッとした青りんごはほどよい酸味ですが、生のライムジュースはあまりおいしくありません。コーヒーでおいしく感じる酸味の度合いは人によって違いますが、自分がどんなコーヒー、どんな淹れ方を好むかを探りながら、見極めていきましょう。とはいえ、酸味は抽出の度合いを測るわかりやすい指標として役立ちます。

未抽出のコーヒーなら、酸味が強すぎて、不快な味になるでしょう。その原因は、コーヒーの粉に含まれる酸性化合物で、これはとても水に溶けやすいのです。コーヒーの粉から多くを抽出していくと、酸味のバランスがとれ、どんどんおいしくなります。ただ当然ながら、抽出しすぎて、味が損なわれてしまうポイントがあります。そうなると、口内に残って不快な苦味につながってしまうのです。

## 苦味と酸味の混同

苦味と酸味の混同はよく起こる現象です。雑味のある不快な酸味を苦味と勘違いするのです。これがコーヒーにおいて特に困るのは、苦味と酸味が正反対の問題を示すからです！　いまだにときどき、酸味や塩味を感じる箇所が示された味覚地図を目にすることがあると思います。これは混乱を招く図です。味蕾は舌全体にあり、そこですべての味を感知します。しかし、多くの人は酸味を舌の奥の側面で感じ、コーヒーでもすぐ味わいます。苦味は舌の奥のほうで感じ、コーヒーでは飲み込んだあとに増します。実感してみたいなら、今度サラダのドレッシングをつくるときがチャンスです。(酢やレモン汁から)純粋な酸味を感じられるだけでなく、(良質なオリーブオイルを使うつもりなら)苦味も感じられるでしょう。

エスプレッソを淹れたとき、酸味が強すぎて、エスプレッソのコクや口当たりが少し弱かったり薄かったりする場合、もっと抽出する必要があります。粒度が粗すぎて、湯と粉のコンタクトタイムが短すぎる可能性が高いです。他にも抽出を変える方法はあります。次にエスプレッソの抽出に影響する要素について触れますが、おもに酸味のバランスによって判断し、変更するものを選びます。

# レシピと抽出比率

現代のエスプレッソの抽出方法は、多くの場合、レシピと抽出比率で語られ、表現されます。

> **レシピ**
>
> エスプレッソのレシピでは通常、以下に記す抽出のための重要な要素の数値が示されている：
> コーヒーの粉の量（g）
> 抽出されたエスプレッソの量（g）
> 抽出時間（秒）
> 抽出温度（℃）
> 抽出圧力（バール）

エスプレッソのサイズを表すのにmLを使う時代が続いていたのですが、これは次第に使われなくなってきています。エスプレッソ1杯のサイズを容量で伝えると、その容量の一部にクレマが含まれるという問題が生じます。クレマとはエスプレッソの泡のことで、抽出液から生じた炭酸ガス（二酸化炭素）が、泡の膜になるコーヒー中の成分によって閉じ込められて生じます。1杯のエスプレッソに含まれるクレマの量は、抽出時のコーヒーの粉に含まれる炭酸ガスの量と大きく関係しています。つまり、挽いた豆が新鮮なほどクレマが多く発生しますが、焙煎の度合いや、アラビカ100％のコーヒーかロブスタコーヒーで淹れているかなど、他の要素も影響します。そのため、とても新鮮な豆を使ってエスプレッソを30mL淹れた場合、その容量に占める炭酸ガスの割合は大きくなります。古い豆を使って同じ容量を淹れると、足りない炭酸ガスの分を抽出液で補って総量30mLにすることになるので、水分量が多くなります。したがって、抽出時間内に得られた量という意味では同じに見えても、実際はまったく違うものになり、味もかなり異なります。液体のエスプレッソの重さを量るようにすることで、こうした変動がなくなってきました。液体のエスプレッソの重さに、炭酸ガスの重さを足しても足さなくても、私たちにわかるような差はほぼ出ないからです。新鮮なコーヒー豆を使って液体のエスプレッソ40gを淹れた場合、容量は大きくなりますが、古い豆を使ったレシピとかなり似た形で抽出することになります。

## クレマ

クレマはエスプレッソの品質を決めるものの一つです。そこにはさまざまなロマンがあります。クレマによってエスプレッソがおいしそうに見えるのは間違いありませんが、つねに目指すべきは、最高の見た目ではなく、最高の味です。すでに述べたとおり、クレマはエスプレッソに炭酸ガスが泡として閉じ込められてでき、その構造はそこそこ安定しています。エスプレッソを抽出するとき、水に高い圧力がかかると、通常より炭酸ガスを多く溶かすことができ、炭

酸ガスが「過飽和」状態になります。エスプレッソがポルタフィルターの抽出バスケットから出てくると、液体は通常の大気圧下に戻り、抽出液から炭酸ガスが泡になって出てきます。

クレマには、バスケットを通過した微細な粉の粒子も閉じ込められていて、クレマの表面におもしろい模様をつくることがあります。これは「タイガー・ストライプ」として知られていて、深煎りの豆のほうができやすく、エスプレッソをおいしそうに見せます。クレマによって、品質がわかるとされることが多いですが、これはある程度は本当です。ひどい抽出をされたエスプレッソや、古い豆から抽出されたエスプレッソには、長く残るクレマができません。そのため、目の前の1杯にクレマがなかったら、間違いなく危険信号です（クレマはたちまち消えてしまうので、エスプレッソがすぐに出てきたとしての話です）。とはいえ、低品質で焙煎したての豆を使い、汚れたマシンで抽出しても、クレマはたくさんできます。しかし、かなりひどい味になります。そのため、コーヒーの表面に浮かぶ密度の濃い茶色い泡を信用しすぎないようにしましょう。

エスプレッソの抽出を適切に調整しようとする場合、容量よりも抽出したエスプレッソの重さに意識を向けたほうがいい理由も、これでわかっていただけたでしょうか。安価で小さなデジタルスケールがあれば、目分量でおいしいエスプレッソを淹れようとして無駄になる大量の

コーヒー豆が激減するので、すぐに費用のもとが取れます。レシピの他の要素に話を進める前に、エスプレッソの抽出における比率について触れたいと思います。

## 抽出比率

オンラインでもリアルでも、エスプレッソのコミュニティでは、抽出比率についてよく議論されています。これは、コーヒーの粉と抽出されたエスプレッソの比率のことです。18gのコーヒーの粉から36gの抽出液ができた場合、比率は1：2になります。比率については、大切な考え方がいくつかあります。一つめは、さまざまな調理の分野（特にパンや焼き菓子）において、比率を役立てるときと同じです。もしあ

る成分の量を増やしたら、比率を維持しましょう。そうすると、他に必要な成分の量を計算できます。コーヒーの粉の量を20gに変えるとしたら、抽出量を40gに増やさなくてはいけません。

混乱させるかもしれませんが、とても大事なことをお伝えします。二つの異なるレシピで、抽出時間と温度を変えずに抽出したとしましょう。このとき、18gで36gを抽出したエスプレッソと、20gで40gを抽出したものは同じ味になるはずだということです。後者のほうが飲む量が多いだけというわけです。ただ実際、まったく同じ味にはなかなかなりません。その理由については、148〜153ページのエスプレッソの抽出理論のところでいくつか触れました。比率を固定すればすべての問題が解決するわけではありませんが、エスプレッソの淹れ方を少し変える場合は、比率を一定に保つようにしたほうがいいでしょう。

次に、抽出比率がとても役立つのは、いろいろなエスプレッソの種類を定義できることです。歴史的に見て、エスプレッソには三つの解釈がありました。それは、リストレット、エスプレッソ、ルンゴです。直訳すると、リストレットは「限定されたエスプレッソ」という意味で、ルンゴは「長いエスプレッソ」です。ここでは、それらのコーヒーを定義する方法として比率を使いますが、これは絶対的なものではなく目安のようなものです。

多くの場合、リストレットは1：1から1：1.5の比率と言われます。1：1より比率を高くすることもできますが、そうすると、適切においしいコーヒーを抽出できる可能性はほとんどなくなってしまいます。現在、エスプレッソは1：1.5から1：3の間の比率とされています。ルンゴは1：3よりも比率が高いのですが、1：6や1：7以上になると、エスプレッソマシンで淹れるフィルターコーヒーに近くなります。

初めてエスプレッソを淹れる人には、私はふつう、エスプレッソ用に焙煎された豆なら何でも1：2の比率にするよう勧めています。それですべてうまくいくわけではありませんが、一般的には事足りるでしょうし、エスプレッソの抽出方法を少し変えるだけで、よくない味を修正する調整は簡単にできます。

エスプレッソの抽出比率を理解すると、焙煎業者から教わった、あるいはネット上で共有されたレシピを伝えたり読み解いたりするのに役立ちます。さらに、レシピの基本的な考え方がわかり、重要な要素を調整しておいしく淹れられる頻度も高まります。

# グラインダーの調整方法

コーヒーの沼に足を踏み入れた初心者がエスプレッソを淹れるとき、最もフラストレーションが溜まるのが、グラインダーの調整です。

その原則はとても単純に見えます。コーヒーを通る水の流れを遅くし、抽出されるフレーバーを多くしたいなら、細挽きにすればいいのです。同じように、水の流れを速くするには粗挽きにします。

気がつくと、コーヒーが思いどおりにならない泥沼にはまっているのには、おもに二つの理由があります。一つは、グラインダー内に残る粉が原因です。ほぼどんなグラインダーにも少量の粉は残りますが、刃と粉出口の間にたくさん残る製品が多いです。ということは、グラインダーを調節し、次の豆を挽くとき、挽いたコーヒー豆には、以前セットしたものと新しくセットしたものが混ざっています。これは問題です。たとえば、細挽きだけのつもりでも、混ざった粉で淹れることになります。湯はゆっくり流れるでしょうが、思ったほどゆっくりではないかもしれません。すぐにもう一度、挽き目の設定を変えても、今度も粒度の混ざったもので淹れることになります。解決策はシンプルですが、楽しいものではありません。いちばんいいのは、グラインダーをきれいにすることです。少量の豆を挽き、前の古い粉を押し出して捨てるのです。これは無駄で、いらいらしますし、グラインダーのつくりがひどいせいで、味にもわずかに影響を及ぼします。最近のシングルドー

スのグラインダーでは、5gほど挽けばよいでしょう。業務用のエスプレッソグラインダーだと20g以上の豆を捨てなくてはならず、ビジネスとしてかなりよくありません。とはいえ、捨てずに18g挽いてしまい、まずいエスプレッソが出来上がるよりは、5g捨てるほうがまだいいでしょう。

もう一つのいらだつ点は、グラインダーをどれくらい調節したらいいかわからないことです。粗くしたり細かくしたりするのに、ダイヤルなどをどれくらい調節したらいいのでしょうか？ここで絶対的な決まりを示すのは難しいですが、段階調節できるグラインダーの場合、通常、1段階変えると、一定の比率で抽出時間が3〜4

秒変わります。段階調節ができない場合、線や目盛り、印など、ふつう何か表示があるので、その印ごとに同じぐらいずつ調節ができるはずです。例外もありますが、みなさんが淹れたコーヒーがふつうのものや上質なものからほど遠いものでないかぎり、通常は大きく調節しないようにします。

# 抽出温度とポンプ圧

この二つの要素は、ここ数十年のエスプレッソの抽出における大きな議論の的になってきました。

一つには、これらの影響が細かなニュアンスまで理解されてきたためです。もう一つには、コーヒーのコミュニティが比較的単純な技術的問題を解決するようメーカーに求め、メーカーが大々的にそれに応じたため、細かい要素についての議論が増えたためです。

### 抽出温度

その典型的な例が、抽出温度です。2000年代初頭に少数のプロと熱心なホームバリスタが実験を始め、エスプレッソマシンの抽出温度をもっと正確に管理しようとしました。それまで、マシンの抽出温度は一定ではなく、ある程度は安定していたものの、完全ではありませんでした。一定した温度を求める声に対して、メーカー各社は当初、既存機種の欠陥を認めるようなものだとすぐには対応しませんでしたが、ゆっくりとしかし確実に、マシンが抽出中の温度を一定に保つ方法を見つけていきました。

この技術は、エスプレッソの抽出への理解が深まる前、淹れた1杯の重さが量られるようになる前に登場しました。その結果、多くの人が、0.5℃にも満たないわずかな変化で、エスプレッソの味に信じられないほどの影響が出ると思うようになりました。いま考えると、以前は目分量で淹れていたため、抽出が安定していなかった可能性が高いようです。温度が高いほうが質も高くなったかもしれませんが、わずかな温度変化が原因ではなかったでしょう。

だからといって、抽出温度が議論に値しないというわけではありません。抽出温度は味に影響を与えるので、抽出温度を一定に保てるマシンが使えるのは助かります（私の人生において、抽出温度をわずかに変えるだけで調整できたはずのまずいエスプレッソの数は、私が飲んできたまずいエスプレッソ全体のうちのほんの少しですが）。

抽出温度を上げると、抽出率も上がり、酸味が減り、甘味が増すことが多いのですが、それもある程度にすぎません。それでは、抽出比率、レシピ、抽出時間、粒の根本的な問題を解決することはできません。あと少しですばらしい味になるとき、温度はその少しを埋めるのに役立つ微調整の手段なのです。

大切なのは、使うコーヒー豆の焙煎度に応じて抽出温度を変えることです。浅煎りの場合は高い温度での抽出に耐性があり、それがプラスになるのは、高温で溶けやすい苦味成分が少ないからです。浅煎りなら、抽出温度は92〜97℃が適正です。中煎りなら、私は88℃から94℃の

間で始め、深煎りに近づくほど温度を下げます。深煎りなら、苦味を最小限に抑えるため、80℃から85℃の間で抽出します。ただし、特にそうした苦味が好きな場合は、温度を上げてもかまいません。

とはいえ、抽出温度について断言するのは気が引けます。一定温度での抽出が望ましいとか、それが理想だという考えをいっそう悪化させるからです。実際のところ、まだ確かなことはわかりません。重要だとわかっていることは再現性と調整です。しかし、技術の進展とともに、抽出時の温度を表示するマシンも増えました。こうしたマシンを使えば、おいしいエスプレッソが完璧に淹れられます。

また、信頼できる温度プロファイリング機能を搭載し、抽出中の温度を調整できるマシンも現れました。これは興味深いですが、それを使って何をすればいいのかわかるにはまだまだ時間がかかります。では、このセクションの次のパートに進みましょう。

## ポンプ圧

エスプレッソとは、比較的高い圧力で抽出されるものを言いますが、これには複雑な事情が絡んできます。一般的に最も推奨される圧力は9バール（9気圧弱）です。しかし、このことを理解して、適切に再現したり成功させたりするためには、エスプレッソマシンにおける加圧と調整の性質を理解する必要があります。

ロータリーポンプ搭載の業務用のエスプレッソマシンでは、ポンプが作動し、コーヒーの粉がハンドル内にあるとき、ふつう圧力計は9バールを指します。この圧力はポンプのすぐ近くで測定され、システム内の最大圧力を表します。前回の抽出でフィルターに付着した粉を洗い流すために、マシンの抽出口から湯を空出しする場合、圧力計で高い圧力が表示されているのに、そこまでの圧力で湯が流れ出ていないように見えるでしょう。こうなるのは、圧力がシステム全体で一定ではなく、抵抗がなければ、ポンプと抽出口の間の圧力も減少するからです。ハンドルにコーヒーの粉を入れると、いくらか抵抗が生じ、ポンプの力をすべてコーヒー豆にかけることができます。しかし、エスプレッソのパックを模した、抽出口の圧力を測定する道具で、抽出口の圧力を測ってみると、圧力は8バールしかありません。というのは、エスプレッソのパックは完全に密閉されておらず、エスプレッソがカップに抽出される際に圧力が抜けるからです。パックで生じる抵抗は、マシンで生じた圧力がどれくらいコーヒーにかかるかで決まります。粗挽きの豆は比較的低い圧力で抽出されますが、極細挽きの豆には、液体がほとんど通過しないため、9バールに近い圧力がかかります。

バイブレーションポンプを使うマシンにはふつう、9バールよりも高い圧力をかけられるポンプが搭載されていて、オーバープレッシャーバルブ（OPV）[※]を使用して、9バール以上の圧

※ 抽出時にかかる圧力を調整するバルブ

力を少しずつ下げていきます。残念ながら、ほとんどの家庭用マシンではOPVがきちんと設定されていません。調整するのは難しくないのですが、そのためには電化製品を開けて改造しなくてはなりません。そうすると、保証が無効になるかもしれず、電化製品に詳しくないと危険なので、私はあまりお勧めしません。

　1961年以前、抽出に必要な圧力をかけるには、ピストンレバー式のエスプレッソマシンを使うのが一般的でした。このマシンでは一定の圧力はかからず、抽出開始時のレバーを離した直後に最大の圧力がかかりました。抽出中にばねが伸びて、弾性エネルギーが減少するにしたがって、この圧力は下がります。1961年にロータリーポンプを使用したファエマの〈E61〉というマシンが大ヒットすると、電動ポンプが人気になりました。この瞬間に、一定の圧力を好む人たちと、カーブを描く圧力プロファイルを好む人たちとで、エスプレッソのコミュニティが二つに分かれたのでしょう。

　ラ・マルゾッコが〈ストラーダ〉というマシンをリリースするまで、コーヒー業界ではおおむね、圧力はそれほど大きな興味や実験の対象ではなかったのです。ストラーダでは、ギアポンプを使ったマシンによって、事前にプログラムされた圧力プロファイルどおりに実行されます。こうした技術と圧力プロファイリングという発想は当初、多くの関心を集めて盛り上がりましたが、エスプレッソの抽出における圧力プロファイリングの潜在的な利点について、ある程度の理解が得られるまで、さまざまなメーカーが10年もの間、実験をしなくてはなりませんでした。

　エスプレッソの圧力プロファイルについて議論するために、プレ・インフュージョン（蒸らし）という、エスプレッソを抽出する最初の瞬間についてお話ししましょう。

### プレ・インフュージョンの段階

　この用語はかなり前からありますが、これにまつわる議論は、現代的なコーヒー抽出方法が確立してから、活発になってきています。抽出時の最初の数秒間に圧力が全開でかかるエスプレッソマシンなどまずありません。これは、まず湯がコーヒーの粉に浸透し、抽出チャンバー内のコーヒー上部の空間を満たすからです。チャンバー全体が完全に湯でいっぱいになるまで、ポンプが発生させる圧力すべてをコーヒーの粉にかけることはできません。マシンによっては、かなり小さな穴（ふつうは直径0.5mmぐらいですが、大きさはさまざまです）に湯を通そうとして、速度がかなり遅くなり、流量とシステムが全圧に到達する速度も低下する機種もあります。マシンのボタンを押してからコーヒーが出てくるまで、たいてい6〜10秒かかるのはこのためです。

　さらに混乱を招くのは、この用語がエスプレッソの抽出の段階だけでなく、目標も表してい

ることです。その目標とは、ポンプが全開で圧力をかけ始める前に、挽いた豆のパック全体をしっかり湿らせることです。こうする理由についてはいくつもの説明が考えられますが、プレ・インフュージョンを適切に行うと、均一に抽出されるようになり、エスプレッソのフレーバーがよくなるのは確かです。

ある程度、プレ・インフュージョンを延長したり調整したりできるマシンもあります。パックが湿っていてもまだ圧力が全開でかかっていない、という段階を知るために、いろいろ試してみることを一般的にはお勧めします。これはネイキッド・ポルタフィルターで行うのがいちばん簡単です。ネイキッド・ポルタフィルターとは、ふつう内側に隠されている抽出バスケットの底が見えるようになっているものです。エスプレッソを淹れるのがうまくなりたいのなら、こうした器具を仲間に加えるといいでしょう（ポルタフィルターの部品については166～167ページを参照）。

マシンがポンプを少し作動させたら、電源を切って、少し待ってからもう一度電源を入れる方法を私はお勧めしません。理論的には、これでもプレ・インフュージョンの段階を踏めますが、こうすると台なしになることが多いです。抽出チャンバー内で少しでも圧力が高まると、排出口から水が逆流し、一時的にパックに上向きの力が生じて、パックが少しばらけるかもしれません。すると、ポンプの力がまた全開になったとき、パックに隙間ができてチャネリングを起こす可能性があります。

## メインの抽出段階

エスプレッソを抽出する残りの段階で、圧力の調整を試してみてもいいでしょうが、そうすると、味が毎回少し変わります。しかし、圧力プロファイリングがない場合と比べると、おいしくなることはなく、たいていはまずくなります。控えめに言って、これにはいらいらさせられます。この点については、プロと家庭、どちらのエスプレッソのコミュニティでも、さかんに研究されています。

私から言える最良のアドバイスは、流量に意識を向けることです。流量は、湯がコーヒーのパックを通っていく速度だととらえられます。圧力と流量には関係があるのです。圧力を高くするほど、湯がコーヒーの粉を速く通っていくと考えるのは理にかなっています。しかし、必ずしもそうなるとは限りません。9バール以上の圧力がかかると、コーヒーのパックが強く圧縮されるため、実際には再び流量が減少しはじめるでしょう。抽出圧力として9バールが推奨されるようになったのは、圧力と流量のベルカーブ※上において、そこで流量が最も多くなるからだと考える人もいます。

流量を観察すると、エスプレッソについてたくさんのことがわかっておもしろいです。ポンプから一定の圧力がかかっても、エスプレッソ

※ 正規分布のグラフ。左右対称の山のような釣鐘（ベル）形になる

の抽出において、流量が一定になるわけではありません。抽出の後半に入ると、流量が増えはじめ、どんどん速くなります。こうなるのは、エスプレッソの抽出プロセスによって、コーヒーのパックが侵食され、くずれていくからです。エスプレッソを1杯淹れ終わると、パック内にあるコーヒーの粉は最初よりも少なくなります。

一方、抽出中にポンプ圧を下げることで、流量を一定に保つという方法があります。これは、レバー式エスプレッソマシンで行えますし（168～170ページ参照）、そうしてできたエスプレッソを多くの人が好むでしょう。抽出中の圧力を下げることのもう一つの利点は、湯が高い圧力下にあるせいでコーヒーベッドに新しいチャネルができてしまう、という可能性を減らせることです。エスプレッソをたくさん淹れるようになると、チャネリングに遭遇する可能性も増えますが、マシンが許すのならここで減圧すると、この問題をいちばん簡単に緩和できるかもしれません。

最後のアドバイスは、もはや9バールは絶対的な基準ではないということです。もっと低い圧力でもおいしいエスプレッソは淹れられます。初心者から中級者向けのエスプレッソ用グラインダーを持っているなら、6バールぐらいが均一に抽出するのに最適かもしれません。パックを準備するスキルも開発中なら、それが技術的にもやりやすいでしょう（抽出前のドーシング、ディストリビューション、タンピングのプロセスについては、184～187ページを参照）。

## ポルタフィルターの部品

1. ポルタフィルター
2. ダブル・バスケット
3. シングル・バスケット
4. クリーニング・
   バスケット
5. グループ・ガスケット
6. シャワー・スクリーン
7. シャワー・
   スクリーン用のねじ
8. ディスパージョン・
   ブロック

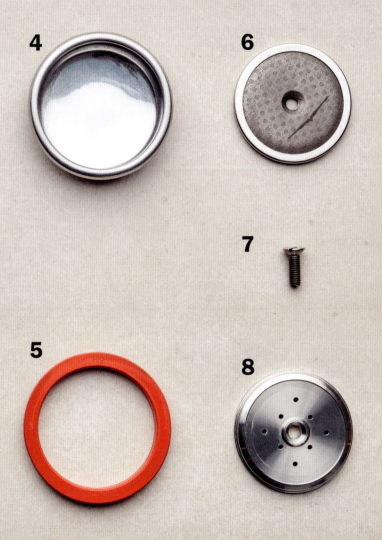

# エスプレッソマシンの買い方

エスプレッソマシンはコーヒー関連の買い物のうち、ほとんどの人にとって、単体では最も高価なものです。

エスプレッソマシンは、時間や場所にとらわれず、カフェに比べてわずかなコストで、喜びと満足感のある極上のコーヒー体験を約束してくれます。じつのところ、エスプレッソは間違いなく趣味であり、ほとんどの人が求めていないものです。エスプレッソを淹れることは、時間を食い、面倒で、いとも簡単に心の底からいらだつものになります。コーヒーに夢中な人間がそのようにネガティブな言い方をするのは奇妙に思えるかもしれませんが、みなさんがコーヒーの道具にお金をたくさんかけるつもりなら、楽しく使ってもらいたいのです。もし毎朝エスプレッソを調整することよりも、出来上がった1杯のイメージにひかれるとしたら、正直なところ、ご家庭では別の淹れ方をして、エスプレッソはすばらしいカフェで買って飲むことをお勧めします(誰もがそういうわけではないでしょうから、あくまで近所にカフェがある場合です)。

基本的には、エスプレッソマシンは比較的シンプルなものです。細挽きのコーヒーベッドに、高い圧力をかけて湯を通します。このシンプルな条件は、価格に関係なく、ほぼどんなエスプレッソマシンでもそれなりに満たされます。そのせいで、新しいマシンを選んだり、自分の予算で何が得られるのかを把握したりするのが難しくなります。ここでは、マシンのおもな仕組みの違いをもとに、現在あるさまざまな選択肢や費用対効果を考えていきます。こうすることで、検討中のマシンの特徴をリストアップして分析でき、自分のニーズに合うものがあるかどうかがわかります。

## マシンが高い圧力を生み出す仕組み

圧力は、エスプレッソの抽出にとって重要です。その影響力については、162〜163ページの「ポンプ圧」を参照してください。マシンがエスプレッソの抽出に必要な圧力(約9バールか130psi[※])を生み出す方法はおもに四つあります。それでは見ていきましょう。

### 1. 手動式マシン

これは、圧力を生み出す部品を内蔵していないマシンです。その代わりに、バリスタが人力で圧力を生み出すシステムを採用しています。いちばんよく知られているのはレバー式マシンでしょう。レバーを押し下げて必要な圧力を発生させるのです。この上位機種には圧力計が付いていて、かかっている圧力が表示されます。レバーを押す作業が朝のちょっとした運動になることを除けば、このマシンのいちばんの課題

※ ポンド毎平方インチ。約9バール＝130psi＝約8.84気圧

は、圧力を一定にすることだからです。レバー式マシンで圧力を一定に保つのは難しいので、再現性について、フラストレーションが溜まるかもしれません。少し変わっただけで、おいしい1杯がひどい味になる可能性は低いですが、驚くほどすばらしい味を再現するのは難しいので、少し練習するといいでしょう。

　直接レバーを使わないシステムや、他の方法で自分の力を抽出圧力に変換するシステムもありますが、てこの原理を使わないと、かなりのハードワークになるでしょう。手動式マシンの利点は、どんなポンプも内蔵されていないため比較的低価格なことです。他に、誰もがそう感じるわけではありませんが、こうして淹れると手ごたえが得られることもメリットでしょう。よくも悪くもプロセスを自分で管理できるのです。レバーを使うことには、関与感や手作り感が確実にあり、エスプレッソを淹れるプロセスが儀式のようになって親しみがわく人も多いでしょう。ただ、楽しさが薄れていくこともあります。やがてこの作業を、再現性があり、身体を使わなくてもすむものにまかせたくなるかもしれません。

## 2. ばね付きレバー式マシン

　この種類のレバー式マシンは、一見、手動式マシンと同じように見えるかもしれませんが、一つ大きな違いがあります。排出口の内部、コーヒーの粉に湯を通すピストンの上部に、大きなばねがあるのです。レバーを押し下げるとばねが縮み、レバーを離すとばねが伸びていきます。その力で湯がコーヒーの粉に押し込まれます。初めて登場した本物のエスプレッソマシンは、この仕組みで高い抽出圧力をかけました。

　レバー式の利点は二つあります。まず、コーヒーを安定的に淹れられる方法であることです。ばねは予測可能かつ同じように伸びます。つまり、プロセスのこの部分では、抽出ごとの変動がほとんどありません。次に、ばねが伸びると、その力は弱まります。これにより、最初に12バールまで急上昇し、抽出中に3から4バールまで落ちていくシンプルな圧力プロファイルになります（ばねを固定しているチャンバーによって、ばねの伸びが抑えられるので、圧力はそれより低くはなりません。そのため、つねにある程度の張力がかかります）。

　手動式マシンと同様、このマシンも、テクノロジーのコストがあまりかかっていないため、費用面で有利です。とはいえ、手動式マシンと同じく、いくつかの作業を自分でやらなくてはいけません。ばねを縮めるためにレバーを強く引く必要があり、これは身体的な負担になる人が多いでしょう。さらに、きちんと引き下げる前にレバーを離してしまうかもしれず、ちょっと危険です（通常、いちばん下にロックする部分があります）。チャンバーがお湯できちんと満たされる前やシャワー・スクリーンからコーヒーの粉を洗い流すときに、抵抗がない状態でレバーを離してしまうと、レバーがものすごい

速さで勢いよく跳ね上がり、弧を描いてバリスタの顔の近くを通って戻ることがよくあります。過去に痛ましい事故の報告がたくさんありました。使用の際には注意しましょう。こうしたマシンはとても簡単かつ安全に使用できますが、危険もあることを心に留めておいてください。

### 3. バイブレーションポンプ式マシン

電気部品によって高い圧力を生み出すとなると、最も安価で一般的な方法は、バイブレーションポンプを使うことです。これは小型で安価なのに、エスプレッソの抽出に必要な圧力よりも高い圧力をかけられます。ただし、この特徴がユーザーをいらだたせる原因となることがあります。

家庭用エスプレッソマシンの箱をたくさん見てみると、15バール以上の圧力をかけられることを謳うものがいくつもあるでしょう。実際、9バールしか必要としていない状況では、これはよい話ではありません。上位機種で圧力を調整するのに使われる技術は、OPV（162ページ）と呼ばれます。これは、コーヒーの粉に伝わる圧力を調整するために、システム内の過剰な圧力を逃がすよう設計された小さな機械のバルブです。バイブレーションポンプは12バールを発生させますが、OPVを9バールに調整すると、通常、余計な圧力が逃がされてウォータータンクへ抜けていきます。しかしいくつかの理由から、工場出荷時に適切に設定されていることはほとんどありません。メーカーがこのことを重

視していないからかもしれませんし、ユーザーがあらかじめ粗く挽いておいた豆を入れることを想定してマシンが設計されているからかもしれません。この場合、たいていひどい結果になりますが、内部の圧力を制限する特別なバスケットと組み合わせると、平均的で、それほどひどくないレベルまで改善できるでしょう。

バイブレーションポンプ式マシンを最大限活用したいなら、他のユーザーが工場出荷時の設定をどのように扱っているか、突っ込んで調べたほうがいいでしょう。性能がよく価格が高いマシンはふつう、OPVの設定も適切だったり、比較的簡単に変更できたりします。作業は難しくないかもしれませんが、場合によっては、マシンを開ける必要があり、保証が無効になるかもしれません。

バイブレーションポンプについて最後に注目しておくべき点は、騒音です。圧力を発生させる音は特に静かでも心地よくもありませんが、圧力がかかったあとは、たいてい静かになっていきます。みなさん（や家族）が早朝の穏やかな静けさを大事にするなら、他の選択肢を検討したほうがいいでしょう。

### 4. ロータリーポンプ式マシン

ロータリーポンプ式は業務用マシンでは標準です。静かで、日中に長い時間稼働するよう設計されています。マイナス面は、ポンプヘッドを回転させるのにモーターが必要で、このモー

ターがかなり大型になりがちなことです。ロータリーポンプをマシンの外側に付け、マシンの下にある棚に収納できるように設計する業務用メーカーすらあります。

もっと小さな準業務用エスプレッソマシンの内部に収まるような小型モーターを搭載した機種もいくつかあります。そうしたマシンのポンプ圧の調整は比較的簡単です。かなりのコストが上乗せされていますが、他のシステムと比べて必ずしも「優れた」圧力がかけられるわけではありません。繰り返しの使用にはかなり適しているため、業務用としてよく選ばれていますが、そうしたモーターを搭載したマシンはどれも、キッチンやコーヒーを淹れる場所のスペースをかなり占めることを覚えておきましょう。

## 圧力プロファイリング

ここで、マシンがどのように圧力プロファイリングを行うかについて触れておきましょう。さまざまなアプローチがあり、バイブレーションポンプのような技術を使ったものも珍しくありません。業務用では、さまざまな圧力を生み出すのにギアポンプが使用されているのを目にします。ギアポンプとは、送られてくる電気の電圧を変更することで、回転速度や圧力を調整する部品です。システムから逃がす圧力の量を変えるOPVを効果的に調整して、制御する場合もあります。

圧力プロファイリングをしてくれるマシンは高価なことが多く、使い方や調整が複雑なことも少なくありません。ただ、抽出中の圧力を操作して変えられるというメリットがあります。その点については、161～163ページの「抽出温度」と「ポンプ圧」のところを参照してください。

# マシンが湯を温める仕組み

2000年代以降、エスプレッソマシンの技術まわりで注目されてきたのは、抽出温度です。

エスプレッソの抽出には、一定の温度プロファイルにしたいという強い要望が特にあります。コーヒーの粉を通る湯の温度をかなり狭い範囲に留(とど)めたいわけです。こうした事情に後押しされて、エスプレッソマシンのメーカーは進化させた技術を採用し、現在では、かなり安定した温度で抽出できるマシンがたくさんあります。

個人的には、おいしいエスプレッソのために優先すべきは、一定の温度プロファイルの遵守(じゅんしゅ)ではなく、再現性だと思います。温度は間違いなくフレーバーに影響を与えるので、温度にばらつきがあると、自分が気に入ったエスプレッソの品質を再現できません。とはいえ、マシンが温度プロファイルを作成する場合、おそらく熱い湯から始めて、完成に向かって少しずつ温度を下げていくでしょうが、毎回そうするのであれば、問題ありません。

家庭用のマシンでは、物理的な条件や使える電力も制限されます。湯を効率的に沸かせるマシンは多いですが、冷たい状態から望んだ温度まで温められる水の量は、何を使って温めるのかに左右され、キッチンのコンセントからマシンに使えるワット数でも決まります。

マシンの湯の沸かし方は、価格に大きく影響する傾向があります。それがあなたの購入する商品の主要な技術だと思ってください。水の加熱方法は、結果としての温度プロファイルだけでなく、どのようにマシンの抽出温度を制御できるかにも大きな影響を与えます。

### サーモブロック

低価格のマシンでよく使われるのは、サーモブロックの技術です。金属の塊が加熱され、その内部にある曲がりくねった経路を水が通過していくうちに、目的の温度まで温められます。これは費用対効果のいい方法であり、欠点もありませんが、いくつか制約があります。

メーカーがサーモブロックの温度をどのように測定し、制御するかで状況が変わり、水がシステムを通る速度によっても、最終的な温度が変わるでしょう。ポルタフィルターを外した抽出口から湯を空出ししすぎると、システムに大量の冷たい水がどんどん入ってきて、そこが急激に冷えてしまいます。一方、湯をサーモブロック内部に長時間残しておくと、熱くなりすぎるため、調整することもよくあります。つまり、マシンを冷やすために少し湯を出してもいいけれど、量が多すぎないのが望ましいのです。このようにバランスをとることを「温度サーフィン」と言います。

セージ・デュアルボイラー

ガジア・クラシック

ビクトリア・アルドゥイーノ・プリマ

なお一般的には、同じサーモブロックを使用してスチーム（蒸気）を生成しますが、この場合、マシンには、サーモスタットをもっと高い温度に設定するためのスイッチがあります。つまり、エスプレッソを淹れるためにもスチームミルクをつくるためにもマシンを使いますが、同時にはできないということです。

低価格のマシンの場合、サーモブロックがきちんと調整されていないので、抽出温度を制御して再現しようと思うなら、さらにすべきことがあります。おいしく淹れることはできますが、努力が必要なのです。

## シングルボイラー

このタイプは、多くの場面で、サーモブロックのマシンと似たような動作をしますが、金属の塊に水を通すのではなく、一定の温度に保った湯をたくさん用意します。

サーモブロックのマシンと同じように、シングルボイラーも一度には抽出用の湯かスチームかのどちらかしか用意できず、両方を同時には使えません。利点としては、もう少し再現性があり、低価格のサーモブロックほど設定にばらつきが生じないことです。

## 熱交換器（ヒートエクスチェンジャー）

これは、高性能な家庭用マシンと業務用マシンで最もよく使われている技術でしょう。熱交換器は、一つのボイラーを中心に構成されています。このボイラーは高温で稼働するため、つねにスチームを利用できます。コーヒー抽出に使う水は、スチームボイラー内の管を通っていきます。そして、ボイラー内で蒸気ができている場所の近くを通るとき、その熱が管越しに水へと伝わり、抽出温度まで上昇します。サーモブロックのように、システムを水が通過する速度によって、到達する温度が決まります。そのため、多くの熱交換器搭載のマシンには、サーモサイフォンという二次的なシステムがあります。熱交換器の上部から抽出口の近くまで来た湯を、熱交換の直前の工程（熱交換器の下部）に戻して、循環させるのです。

水の密度は温度が高いほうが小さいため、湯はシステム内部を上昇し、そこで流れができ、水がつねに循環するようになります。この水の動きが抽出口の温度を保つのに役立ちます。そうしないと、水の温度が下がり、コーヒーの抽出に悪い影響が出ます。

こうした構成はいまや一般的ですが、ファエマという企業のつくったマシン〈E61〉が先駆けで、まず人気を博しました。E61という名前はリリースされた1961年の日食から来ています。E61式の抽出口は、他の熱交換システムや技術が使える現在でも人気があります。

通常、熱交換器は一定の温度プロファイルを作成しませんが、そうできるよう改造されたものもあります。熱交換器の性能を最大限活かす

ために、温度サーフィンの手順が役立てられることもあります。最後に、熱交換器の制御については、いくつかのアプローチがあります。安価な選択肢としては、機械式のシンプルなサーモスタットがありますが、これは適切な設置が難しく、ドライバーを使って調整しなくてはなりません。次に、少しずつ人気が出てきた選択肢は、デジタル制御です。これはよくPID制御と説明され、この名は、正確な温度管理をするプロセッサーが使用する数学と関係しています。要するに、デジタル温度制御と言ってもいいでしょう。ここでは、スチームボイラーの温度調整をすることが多いため、ある程度の変換が必要になります。93℃の抽出用の湯をつくるには、スチームボイラーを120℃に設定する必要があるでしょう。希望する抽出温度にするためのスチームの温度については、メーカーが説明していることが多いです。説明がない場合、マシンについて話し合っている、ネット上のユーザー向けコーヒー掲示板を検索することをお勧めします。

## デュアルボイラー

カフェでデュアルボイラーのマシンが台頭してきたのは、おいしいエスプレッソを淹れるためではなく、ミルクを使った飲み物をより多くつくるためでしょう。アメリカナイズされた迅速なサービスのレストランモデルのもと、エスプレッソが世界じゅうに輸出され、カプチーノがどんどん大きなカップで提供されはじめると、カフェではもっとたくさんのスチームが必要になりました。熱交換器式のマシンは、バリスタがもっと少ない量のスチームミルクをつくり、ストレートなエスプレッソを提供する、伝統的なイタリアのエスプレッソを念頭に置いて製造されました。マシンがニーズについていけるよう、スチームボイラーの温度を上げると、抽出温度も上がったため、コーヒーの味がまずくなりました。

デュアルボイラーのマシンがこの問題を解決しましたが、それにより、熱心なエスプレッソ愛好家にとって、新たな可能性が開けたのです。こうしたマシンには専用のスチームボイラーがあり、それとはまったく別に、希望する抽出温度が維持されるボイラーが最低でも一つはありました。二つの要件を分けることで、エスプレッソの抽出温度をかなり制御できるようになり、抽出ボイラーの精度を上げるために、PID式のデジタル制御を技術としてすぐに取りいれました。

こうしたマシンは通常、ボイラー、部品、電子機器を多く内蔵するため、カフェ用や家庭用としては高価です。また、こうしたマシンではふつう、一定の温度に保たれたウォータータンク内の水が使われるため、抽出温度を一定に保ちやすくなります。

# 抽出のコントロール

エスプレッソの抽出は完全にコントロールされるべきなので、とことん手動で行ったほうがいいという人もいます。

それ以外の人は、抽出を一定に保つために、ある程度はエスプレッソマシンの力を借りたほうがいいという意見です。ボタンを押すと抽出量を制御してくれるなど、さまざまな方法で手助けするマシンがあります。

### 手動でのコントロール

いちばんお金のかからない選択肢は、抽出用の湯の量をまったくコントロールしないマシンを使う方法です。ポンプの電源スイッチがあり、自分で止めるタイミングを決めます。低価格のマシンにはガイドが何もありませんが、少なくとも抽出時間ぐらいはわかるように、ショットクロックが搭載されている機種もあります。

### 時間を基準にしたコントロール

これは比較的珍しいコントロール方法ですが、それには理由があります。こうしたマシンは、30秒間稼働して停止するようプログラムできます。エスプレッソの抽出の性質上、粉の量、粒度、パックの状態によって、その時間内にマシンがコーヒーベッドから押し出せる抽出量は大きく変わってきます。もちろん抽出時間を変えずに、粉の量と粒度を調整して、狙った抽出量にすることは可能ですが、それがピンとこない人もいるでしょう。このマシンの利点は、追加すべき部品がなく、マシンがコントロールするプロセスがシンプルなため、わりと安くつくところでしょう。

### 流量を基準にしたコントロール

業務用マシンでは、おそらくこのコントロール方法が最も一般的でしょうが、追加コストがかかるため、家庭用マシンでは比較的珍しいです。技術的には、システム内で流量計を使うもので、それは小さな水車のスポーク※の1本にマグネットを付けたようになっています。水が通ると車輪が回転し、マグネットが探知器を通過するたびに回転数がカウントされます。一定数回転したあと、一定の水量がシステムを通過したとして、マシンが抽出を停止させます。

この流量計はとてもうまく機能しますが、精度が高いものになるとかなり高額なため、コーヒーメーカーで使用されるものには多少ばらつきがあります。加えて、流量計ではコーヒーの粉に注がれる水量は計測されますが、パックを通過して抽出されてカップに入った量は計測されません。

プログラミングに関して言うと、マシンから開始と停止のボタンを押すよううながされ、そ

※ 一般に、車輪の中心から放射状に伸びている細い棒。輻

れが記録されて再現されます。mLに換算して表示するマシンや流量計の回転数を表示するマシンもありますが、どちらもかなりとらえどころがなく、ありがたいことにめったに見ません。

## 重量を基準にしたコントロール

最も正確で再現性がある技術です。というのも、カップへの実際の抽出量を計量し、その情報を利用して抽出を制御し、停止させるからです。とはいえ、これはさらにお金がかかるアプローチですし、カップがスケール（はかり）の上にあることを意識しなくてはなりません。抽出中にカップを動かしてしまうと、カップが少し押されたのか、エスプレッソが注がれたのか、その違いはマシンに区別できません。抽出が始まったら、できるだけカップを触らないほうがいいでしょう。

いまのところ、これが最新のテクノロジーであり、おそらく最も高価なものです。Bluetooth経由でスマートスケールに接続できるマシンもありますが、こちらもまだ比較的珍しいものです。コントロールという点では、間違いなく最も望ましいものですが、誰にとっても経済的合理性があるとは限りません。

## その他のもの

スチームミルク──マシンの湯の沸かし方は、スチームミルク用の蒸気のつくり方とも関係があります。サーモブロックやシングルボイラーのマシン（173～176ページ参照）では、スチームを生成できるほど高温にするにはスチームモードにしなくてはなりません。つまり、コーヒーを淹れながらスチームミルクをつくることはできないのです。マシンが生み出すスチームの圧力が足りないため、スチームを生成するのが少し難しくなることもよくあります。

たいていのエスプレッソマシンには、標準的なスチームワンド※が用意されていて、先端に1～4個の穴が開いた金属製のチップが付いています。しかし、スチームミルクをつくるために、独自の方法を開発したメーカーもあります。そのほとんどがプラスチックのアタッチメントで、ユーザーが何かしたりあまり考えたりせずに、ミルクに空気を入れられます。ひどいものからまずまずのものまで、品質はさまざまです。掃除やメンテナンスが面倒なものが大半を占めます。こうした商品を私はあまりお勧めしませんが、もし持っているのなら、メーカーの指示にしたがうのがいちばんでしょう。

最近、いくつかのメーカーが標準的なスチームワンドのように見える自動スチームワンドを開発したことにも触れておきましょう。正直に言って、これはかなりすばらしいものです。スチームミルクのつくり方を学ぶことに興味がないようでしたら、これをお勧めします。

マシンに標準的なスチームワンドが付いていれば、すばらしい質感のミルクの泡をつくれるでしょうが、スチームミルクができる速さ、滑

※ スチームを噴き出せる管状の部分。ワンドは魔法の杖や枝などの意

らかな泡をつくる難易度は機種によってさまざまです（スチームミルクについて、詳しくは190〜201ページを参照してください）。

ポルタフィルターのサイズ──マニアックなポイントのように見えるかもしれませんが、これはマシンをどのぐらいアップグレードできるかに影響します。そのため、将来、もっと好みに合ったものに買い替えるためにマシンを売りに出そうとするまで、どれくらい長く持っておけるかにかかわってきます。

エスプレッソ用のバスケットの一般的なサイズは58mmです。ということは、このサイズのアクセサリーは、他のサイズよりも選択肢があるということです。選べるタンパー（186ページ）や、試せるプレシジョン（高精度）バスケットがたくさんあります。他の共通規格は57mm、54mm、53mm、51mmです。58mmのバスケットを使用しない優れたマシンもあるので、他のバスケットサイズのものを買うのを止めるわけではありません。とはいえ、その決断の影響力を理解しておくことは重要です。

スマート機能／Bluetoothとの接続性──キッチンでは、スマートデバイスはたいてい時間やお金の無駄になるので、インターネットに接続するデバイスについては、ほとんどの場合、あまりお勧めできません。よくできていて、頑丈で安全なものがないとは言いませんが、かなり少ないでしょう。

チェックする価値のある便利な機能といえば、内蔵時計と、自動でマシンの電源が入る機能です。ほとんどのエスプレッソマシンはしっかり温まるまで20分以上かかります。とはいえ、それらが搭載されていないからといって候補から外れるわけではありません。シンプルなタイマー付きコンセントでもたいてい間に合います。

# エスプレッソの淹れ方

では、実際にエスプレッソを淹れる工程についてお話ししていきましょう。具体的な手順に、なぜそのようにするのかについての幅広い考察を織り交ぜて論じてみます。

一見、このセクションは、エスプレッソを淹れるプロセスを不必要に複雑にしているように思えるかもしれませんが、実際は、それとは正反対のことを目指しています。エスプレッソについてまわる迷信的な儀式主義を取りはらい、1杯の質の向上に最も役立つものを明らかにしたいのです。

私が目指すのは、エスプレッソの抽出プロセスを最小限にして、可能な限り最高のクォリティを得ることです。

そこで、おいしいエスプレッソを淹れる全プロセスを時系列に沿って、四つの重要な段階に分けます。それは、ドーシング（フィルターバスケットに入れるコーヒーの粉を計量すること）とグラインド（豆を挽くこと）、ディストリビューション（コーヒーの粉を均一に分配すること）、タンピング（粉を均等に強く押し固めること）、最後に抽出です。

次に進む前に、本章の前のセクション、特に148〜153ページの「エスプレッソの原則」、158〜159ページの「グラインダーの調整方法」の部分を読んでおいてください。

## 1. ドーシングとグラインド

挽いた豆の量を決めることから始めましょう。ダブル・バスケットだと、14gから22gになります。精密につくられたバスケットなら推奨される量があるでしょうから、私ならそこから1gより大きくは変えません。これ以上増やすと、しっかり細かく挽けないためうまく抽出できませんし、これ以下に減らすと、抽出は問題ないのですが、抽出後にパックがかなり散らかるため、不便で面倒です。

**1** 豆の重さを量る

どのように粉量をコントロールするかは、使うグラインダー次第です。一般的には、入れた豆の量すべてを挽くためにつくられたシングルドースのグラインダーをお勧めしています。たくさん豆が入るホッパーが付いていても、1回に挽く時間や重さを指定することで、その分だけ出してくれるオンデマンド・グラインダーもあります。

シングルドースのグラインダーでは、豆を挽く直前に重さを量ったほうがいいでしょう。グラインダーが静電気の影響を受けやすいものなら、霧吹きに水を満たし、豆に噴射します。こうすると、豆を挽くときの静電気を劇的に防げます。

**2** 静電気を防ぐために、豆を挽く前に水を霧吹きでかける

豆を挽いたあとは、粉量を念入りに確かめます。みなさんのグラインダーで挽き残しがいつもほとんどないようなら、今後はこのステップを気にしなくてかまいませんが、毎回行ったほうがいいグラインダーが多いでしょう。ホッパー付きのオンデマンド・グラインダーの場合、毎回、挽いたあとに重さを量ることをお勧めします。

**3** 挽いた豆を量っておくといい

## 2. ディストリビューション

これが抽出プロセスの中で最も重要かもしれません（豆を適切に挽いて、しかるべき量を用意することを除きます）。均一な抽出ができるかどうかはディストリビューションで決まり、エスプレッソの味にかなり大きな影響を与えます。

グラインダーで挽いた豆を直接ポルタフィルターに入れられるようになっていても、そうしないほうがいい場合が多いでしょう。ドーシングカップに豆を挽き入れ、軽く振ってから、ポルタフィルターに移すと、挽いた豆にあるダマをほぐすのに役立ちます。

これは、WDT（ワイス・ディストリビューション・テクニック）ツールをバスケットで使ってもできます。購入してもいいし、3Dプリンターでつくってもいいし、ワインのコルクと3Dプリンターを掃除するのに使う針を何本か使ってつくることもできます。このツールは、ダマをほぐすだけでなく、バスケット内のコーヒーの粉を均一にするのにも使えます。

ディストリビューション・ツールには、小さなフィンが付いていて、バスケットの上に置いて回転させるものもあります。このツールは、パック全体というより、パックの上部3分の1に働くことが多いため、私はそれほどいいとは思いません。WDTツールのほうが、どれでもいつでもうまくいきます。回転するディストリビューション・ツールを使ってみて、それがいいと思うのなら、使うのをやめたほうがいいとは言いませんが、ツールが選べるのであれば、私ならもっと効果的な（価格も安いことが多い）ものにします。

**1** 挽いた豆がポルタフィルターのバスケットに均一に入らないことがある

**2** WDTツールを使うと、コーヒーのダマをほぐせる

**3** 挽いた豆をポルタフィルターのバスケット内で均一に広げてから、抽出に使う

## 3. タンピング

　タンピングはこれまで、エスプレッソを淹れるうえで強調されすぎてきたという事実があります。その目的は、コーヒーのパックからできるだけ空気を押し出し、コーヒーベッドを均一で水平にすることです。この点から考えると、タンピングには、細かい差がなく、二つの結果しかありません。うまくできるか、できないか、つまりパックがしっかりと圧縮されたとわかるほど強く押し込んだか、そうなっていないかのどちらかなのです。では、どれくらい強く押せばいいのでしょうか？ 15kgの力など、さまざまな基準を目にするでしょう。即物的な目標としてはそれも悪くありませんが、キッチンカウンターにバスルームの体重計を持ってこないかぎり、それがどれくらいで、どんな感じかはわからないでしょう。そうするほどの意味はないと思います。私のやや単純化した基準は、コーヒーの粉のやわらかくてグニャグニャした感じがなくなるまで押すことです。いくぶんおかしく思えるかもしれませんが、これでもかなりうまくいきます。

　エスプレッソを淹れはじめたばかりの人の多くは、味にむらが出る理由をタンピングのせいにしがちですが、原因は他にある可能性が高いです。とはいえ、タンピングがコーヒー抽出で起きる問題の原因にならないわけではありません。最初に、使っているバスケットにぴったり合うタンパーを手に入れましょう。正確にフィットすればするほどよいです。そして、プレシジョンバスケットのメーカーの大半が、バスケットに対するタンパーベース（タンパーの土台）の推奨サイズをきちんと提示してくれています。

**1** タンパーがポルタフィルターにできるだけぴったり合うようにし、コーヒーの粉のグニャグニャとやわらかい感じがなくなるまで押し込む

**2** タンパーベースの上部を指で触り、水平かどうかを確かめてから外す

ベースのサイズの他に、自分の手にもフィットするタンパーを選びましょう。タンパーはドアノブのように握れるといいでしょう。タンピングの際、肘は手首の真上にくるようにします。こうすると、手首を痛めることなく（これは、特にプロのバリスタにとっては深刻な悩みです）、安全に力を込められます。カウンターから突き出ているねじをイメージし、ドライバーを持って、最後のひと回しをするような動きをしましょう（実際に回しはしませんが！）。

タンパーを完全に押し込んだら、タンパーベース上部がバスケットに接しているところを指先で触り、しっかりと水平になっているかを確認します。ここで少し調整できます。コーヒーベッドを水平にすることは、湯を均等に流すためにとても重要です。このとき、タンパーをひねったり回転させたりする人がいます。私はキャリアの初期にこうしたクセがついたのですが、そうしてもなんの違いもなければメリットもないのに、そのクセがなかなか抜けませんでした。自分の手順に余計なステップを加えずにすむなら、そうしたほうがいいでしょう。目標はつねに、エスプレッソへの最もシンプルで簡単なルートをたどることです。

バスケットの縁に粉が残っていないのを確かめたら、次のステップに進みましょう。

**6 おいしいエスプレッソの淹れ方**

## 4. 抽出

ポルタフィルターをセットする前に、多くのマシンでは、抽出口から湯をさっと空出しすると効果的でしょう。これが業務用の環境で行われるのは、前に淹れたときにシャワー・スクリーンに残った粉を洗い流すためですが、最初からスクリーンがきれいになっているかもしれません。その場合も、湯を出すことで、マシンの温度が安定することが多いです。高温になっていたマシンが少し冷やされることもあれば、逆のこともあります。この温度サーフィンのプロセスは、優れた加熱技術のおかげで、徐々に過去のものとなりつつあります。これは水もエネルギーも浪費する、いらだたしく無駄なことですし、狙った温度にするための湯の量を正確につかむには、時間も経験も、ときには温度測定器も必要なので、なくなるのはありがたいことです。

抽出を始めないまま、長い間、抽出口にコーヒーの粉を放置しておかないのが最良だと言われています。抽出口にコーヒーの粉が長くあるほど、そこがどんどん熱くなります。そうなると、全体的な抽出温度が上がり、その結果、コーヒーの味が苦くなっていきます。現実的には、20〜30秒ぐらいなら心配いりませんが、決まった手順を繰り返すのが大切です。そのため、通常は、ハンドルをセットしたらできるだけすぐに抽出を行ったほうがいいでしょう。

スケールを近くに置いておきましょう。ほとんどのマシンでは、抽出ボタンを押してからコーヒーが出てくるまで5〜10秒かかります。それだけの時間があれば、ドリップトレイにスケールを置き、その上にカップを載せ、スケールの表示をゼロにできます。とはいえ、コーヒーを淹れることは楽しみであり、テストではないので、抽出ボタンを押す前に何もかも準備しておきたかったら、それでもかまいません。

マシンに抽出タイマーが内蔵されていたら最高ですが、なかったとしても、コーヒースケールにはタイマー付きのものが多いですし、スマートフォンを使ってもかまいません。抽出時間を記録しておくと役立ちます。抽出ボタンを押した瞬間から時間を計りはじめましょう。これが本当の抽出時間で、コーヒーと湯が触れた瞬間から始まるのです。抽出液が出てきたときから時間を計るようアドバイスする人もいるでしょうが、私は抽出ボタンを押してから計ることを強く推奨します。一般的に、伝統的なエスプレッソは抽出に25〜35秒かかるとされています。それよりも遅かったり早かったりしても、すばらしいエスプレッソになるレシピの例はかなりたくさんあります。しかし、先進的なアプローチで実験しすぎる前に、基本的なエスプレッソの淹れ方に慣れることをお勧めします。

時間、注水量、そして非常に珍しいですが、カップ内の液体の重量（詳しくは178〜180ページを参照）によって自動で止まるマシンもあります。ほとんどのマシンは手動で止めなくてはなりません。大半のスケールでは、選んだレシピで目標となる抽出重量の2g手前あたりで止めるのをお勧めします。止めたあとにカップに入るエスプレッソがあることを心に留めておいてください。スケールによっては少しタイムラグがあることもお忘れなく。何杯も淹れれば、欲しい重さにするためにスケールの表示の進みをどこで止めるかが、はっきりわかるでしょう。

　ネイキッド・ポルタフィルター※をお持ちなら、抽出を観察できるので、どこでチャネリングが起きているかを確認できます。明らかに色が薄くなるところが見つかることもありますし、最悪のケースでは、抽出液のしぶきが斜めに小さく吹き出てきます。これは、ひどいチャネリングが起きているということです。下に注ぎ口が付いたポルタフィルターだと、状況が悪化して抽出されるエスプレッソがありえないタイミングでひどく水っぽく見えないかぎり、確認しにくいでしょう。

　そのため理屈の上では、ネイキッド・ポルタフィルターのほうが優れていますが、いくつか弱点もあります。まず、抽出を二つに分けて、シングルのエスプレッソを2杯淹れることができません（ときにはシェアもいいものです！）。次に、抽出のたびに不備が見つかるため、みなさんの性格やエスプレッソへのアプローチにもよりますが、楽しさがやや損なわれてしまうかもしれません。もちろん、エスプレッソの質を判断するのには役立ちますが、ただ見て、きれいだと思うだけのときがあってもいいですし、あまり気にしすぎないようにしてください。

　抽出が終わったら、すぐにエスプレッソを好きなように楽しみましょう。しかし、使用済みのコーヒーパックは早めにマシンから取り出しておいたほうがいいです。パックを出したら、私はスクリーンも水洗いします（クリーニングとメンテナンスの手順について、詳しくは214〜218ページで扱います）。

※ ボトムレス（底なし）ポルタフィルターとも呼ばれ、取り付けたバスケットの底部から抽出液が落ちるようすが見られる

6 おいしいエスプレッソの淹れ方　189

# スチームミルク

このセクションでは、テクニックの話に入る前に、スチームミルクをつくる理論から説明しましょう。

きちんとつくられたスチームミルクが使われている飲み物は、とてもおいしいです。コーヒーに甘味とすばらしい質感を加えてくれます。よくできたミルクの泡はマイクロフォームと呼ばれます。それは、ほとんど目視できないほど小さい泡だからです。泡が小さければ小さいほどしっかりするので、マイクロフォームになったミルクは、飲み終わるまですばらしい舌触りが続く飲み物になります。それは、マシュマロのようにやわらかく、クリーミーで、軽いけれど濃厚なのです。目指すべき状態を知っておくと、テクニックも把握しやすくなるため、その科学を理解すれば、簡単かつ正確に狙いどおりの舌触りにできて、質感やスチームを加える方法の問題点も容易に突きとめられます。

## ミルクが泡になる理由

ここで、さまざまな乳製品と非乳製品に適用される、泡の科学について少し触れましょう。泡をつくるためには、二つのものが必要です。液体に空気の泡を加える方法と、液体の中で起泡剤として働き、泡を安定させて空気を閉じめておく物質です。ほとんどの乳製品では、後者を何らかのタンパク質が担います。

タンパク質は、さまざまなアミノ酸で構成されています。アミノ酸には、水となじみにくい（疎水性の）部分があり、向かい合うように集まることがよくあります。これが、タンパク質がねじれて複雑な形状をしている理由でもあります。このタンパク質は、熱か力（泡だてるなど）で物理的な刺激を受けると変性し、疎水性の部分もそれまでの位置関係を保てなくなります。それらが水でないものにくっつこうとしたところに、気泡はうってつけの相手です。こうして、タンパク質は気泡を取り囲み、疎水性の部分がすべて空気のほうを向き、残りの部分は気泡の膜の水分のほうに向きます。この種のタンパク質は界面活性剤、あるいはサーファクタントと呼ばれます。

メレンゲをつくっていて、間違えて白身に黄身が少し混ざってしまうと、泡になるのを脂肪が邪魔してしまいます。タンパク質の疎水性の部分を引き付けようとして、脂肪と空気が競合するのです。脂肪が泡の形成を阻害したり、泡がより早く壊れる原因になったりするのはこのためです。

飲み物用に乳製品でスチームミルクをつくるとなると、脂肪含有量が二重の役割を果たします。スキムミルクのほうが全乳よりも空気を取りこみやすく、安定した泡がつくれます。だからといって、全乳よりもスキムミルクでつくっ

たほうが簡単というわけではありませんし、多くの人にとっては逆のようです。

　脂肪は飲み物の質感だけでなく、コーヒーから出るフレーバーも変えます。脂肪によってフレーバーの放出が遅くなり、濃さも和らぎます。スキムミルクのカプチーノはコーヒーのフレーバーが強めですが、口に長く残りません。全乳の場合、コーヒーらしさは控えめになりますが、フレーバーは口内に長く残ります。

　乳製品に含まれる脂肪のせいで、どうやってもミルクがうまく泡だたないことがよくあります。乳製品に含まれる脂肪の大半がトリグリセリド（トリアシルグリセロール）で、その構造をしています。これは、変わった「E」の文字のような形をしていて、背骨にあたる一つのグリセロール分子と、そこから飛び出た三つの脂肪酸分子からなるものです。このトリグリセリドが分解されると、遊離脂肪酸分子3個とグリセロールになります。グリセロールは、タンパク質を引き付ける点で空気とかなり競合し、できた泡がすぐになくなる原因になります。脂肪が分解されたミルクを使うと、シュワシュワというような音がして（スチーム後にミルクのピッチャーを耳に近づけると、はっきり聞こえます）、マイクロフォームの小さな泡がすぐにどんどん大きな気泡になるようです。そうしたミルクは必ずしも味が悪くなるわけではないでしょうが、どうやってもすばらしいマイクロフォームはつくれません。これは、牛の食生活によって起こることもありますが、ミルクの保管が適切でないせいで起こることのほうが多いです。見た目がいいからといって、透明なガラス瓶に入ったミルクは避けたほうがいいでしょう。特に直射日光が当たると、味にはそれほど大きな影響がなくても、ミルクの泡のできやすさにはすぐに支障が出るかもしれません。

### 代替ミルク

　コーヒーに入れる乳製品の代わりになるものを探している人にとって、代替品の域を超えるようなものはありませんでした。長い間、コーヒーショップでは運用上、ソイミルク（豆乳）が代替品とみなされてきましたが、ここ数年で、オートミルクが大きく台頭してきています。すばらしい商品を出しているブランドがいくつかあるものの、自宅で日々飲むコーヒーに取りいれたいのなら、コーヒー専用の商品を探すことをお勧めします。代替ミルクの多くは、シリアルに入れたり、料理やお菓子づくりに使ったりと、従来の使い方を念頭に置いてつくられているからです。こうした商品は概して、コーヒーに使うと、適切な味にならなかったり、きちんとスチームミルクがつくれなかったりします。ほとんどのブランドがコーヒーに特化させた製品を出しています。その中には、乳製品の味や質感に近くなるようにつくられているものもあれば、コーヒーに合うようにつくられているものもあります。いくつか試してみて、自分の舌に合うものを見つけましょう。

## 温度

コーヒーショップで張りつめた空気が生まれた経緯の一つに、お客が熱い飲み物を欲しがる一方で、バリスタは飲み物を熱々にしたくないという事情があります。これはミルクの弱点が原因です。ミルクの泡だちにかかわるタンパク質は、68℃を超えはじめると、変性して、もとに戻らなくなり、分解されていきます。熱くなればなるほど、タンパク質は分解され、そうなると、質感が悪くなるだけでなく、分離したり、新たなフレーバーと匂いが生成されたりします。加熱されたミルクの匂いはとても独特であり、これには、アミノ酸が分解される際に硫化水素が発生することとも関係しています。調理された卵の匂いがしたり、赤ちゃんが吐いてしまったときを連想する人がいたりするのはこれが原因です。

この分解は、温度と時間、両方の関数で説明できることにも触れておきましょう。ミルクを最大で60℃まで温め、完全に冷ましてからもう一度スチームを加えると、さっきよりも低い温度から、タンパク質の分解された匂いと味がしてきます。長期保存可能なミルクはこれよりもずっと高い温度で低温殺菌されていますが、わずか1〜2秒だけその温度に保たれ、冷やされています。

こうしたことから、ミルクを使ったおいしい飲み物には温度の上限があることがわかります。味よりも熱さのほうが重要だという人もいますが、少しぐらい温度が低くても、甘味とすばらしい質感があるほうが嬉しい人がほとんどでしょう。60℃は、多くの人がすぐにおいしく飲める温度よりも高いことを考えれば、何をおいても熱い状態で飲もうとするより、飲める温度になるまでどれだけ待たなければならないかに目が向くはずです。

私の経験では、温度は、代替ミルクのフレーバーと質感にも影響を与えます。乳製品とまったく同じではなく、加熱されたミルクの匂いとは明らかに違いますが、タンパク質の一部が分解され、別の匂いが生まれるようです。高温では同じように質感も保てません。

また、強調しておきたいのは、何℃で始めてもよさそうなときも、冷蔵庫から取り出した温度（約4℃）で始めるといいことです。こうすると、スチームミルクをつくる全工程が簡単になり、成功しやすくなります。

## スチームミルクをつくるテクニック

スチームミルクをつくるためのテクニックによって、自然な甘味と、ほとんど見えないほど小さな気泡からできた泡による、心地よい舌触りのおいしい飲み物ができます。このプロセスには、三つのタスクがあります。ミルクに空気を含ませること、できるかぎり最高の泡の質感をつくること、そしておそらくいちばん大切なのは、ミルクを加熱することです。

これらは別々のタスクとして考えるといいで

しょう。というのも、スチームミルクをつくるとき、それぞれ違った方法で、違うタイミングで行うからです。スチームワンドを使っているときは、他の作業と関係なく、ずっとミルクを温めることになります。とはいえ、このプロセスは二つの段階に分けることができます。

### 第1段階：泡の吹き込み

この段階はよく「ミルクのストレッチング」と言われますが、これは英語圏のコーヒー業界で定着した表現のようです。目指すのは、ワンドから出るスチームの力を利用して、ミルクに空気を押し込めることです。そうなるのは、ワンドの先端がミルクの表面ぎりぎりのところに入っているときです。これは目と耳で確認できます。ピッチャーの中のミルクが膨らんでいき（このためミルクのストレッチングという発想なのです）、チリチリという音も聞こえてきます。

ミルクにスチームを入れる前に決めておくべきなのは、つくる泡の量です。分厚いムース状の泡の層がある伝統的なカプチーノにしたいのなら、かなり薄いマイクロフォームの層になるフラットホワイトにするときよりも、この段階でもっと空気を含ませる必要があります。

この最初の段階で、どれくらいの空気をミルクに加えるのかを正確に説明するのは難しいです。私の見立てでは、容量が10〜20％増えると、ラテやフラットホワイトに合ったミルクになるでしょうし、ラテアートのようなスキルを身に付けたい場合にも適しています。もっと伝統的なカプチーノをつくりたいなら、50〜60％ぐらい増えるようにするところから始めるといいでしょう。これは分厚くて、マシュマロのような泡で、素敵なものになるでしょう。スチームミルクを使った飲み物に絶対的な基準はありませんし、ホームエスプレッソ立ち上げの楽しみの一つは、自分がいちばん楽しめる飲み物をつくるスキルを高めることです。そのため、試行錯誤の時間もやりがいに満ちたものになります。

触ってみて温かいミルクになる前に、この段階を終わらせなくてはいけません。ここをすばやくできるほどいいのです。というのも、次の段階でもっと時間をかけられて、それで質感が

> #### 自分のワンドを知る
>
> このページでお伝えしたテクニックは従来のスチームワンドを使用するためのものです。通常、ステンレス製のワンドは、1〜4個の小さな穴が開いたチップをねじで留めます。スチームはつまみやボタンでコントロールします。明らかにこれとは違うスチームワンドを持っている場合、それは独自の技術かもしれないので、できるだけ説明書の手順にしたがうほうがいいでしょう。とはいえ、機器が再現しようとしている手法がわかっていれば、もしも今後問題が起きたとき、原因を突きとめやすくなります。

決まるからです。

## 第2段階：ホット・ウィスク（温かい泡だて）

スチームミルクをつくる次の段階で大切なのは、第1段階でつくった泡をつぶして、できるだけ小さなサイズの泡にすることです。そのためには、ワンドの先端を表面のすぐ下に据えないといけません。ワンドの管の先にあるジョイントが浸かりきるまで沈めます。ピッチャーの底まで入れてはいけません。

ワンドを表面の下まで入れると、ミルクがスチームによってピッチャー内でかき回されます。この段階では、かなり静かにしたほうがいいでしょう。何かを食べる音や息を吸う音さえ聞こえないようにしたいです。ピッチャーの中央に渦ができるのがわかるようにします。進むにつれて、どんどん大きな気泡が渦に引きこまれるのがわかります。ここで時間をかけられれば、それだけ出来上がりの質感がよくなります。最終的に到達する温度が決まっているため、できるだけ早くこの第2段階に入りましょう。

ピッチャー内のワンドの位置がポイントです。適切な位置にないと、ミルクをかき混ぜ、必要な渦を形づくるのが難しくなります。のちほどステップごとに説明しますが、この段階では、しっかりと渦ができるのを観察しながら、きちんと進行しているのを確認できるまで、ピッチャー内のワンドの位置を調整したほうがいいでしょう。

このプロセスを実際にお見せするため、ミルクの代わりに水を使用。ミルクでは、ワンドや泡が見えないため

## 手順

**1** 適切なサイズのステンレス製のミルクピッチャーを用意する。お好みの量のミルクを入れていいが、ピッチャーの注ぎ口の下部より上にこないようにする。

使用するミルクは冷蔵庫で冷やしておく。できるだけ無駄を出したくないのなら、必要な分を計量しておくとよい。

マシンをスチームの生成に適した温度にすること。この段階でさらに温めなくてはならないマシンもある。

スチームを出す直前に、スチームワンドをドリップトレイ上に向けて、バルブを開ける。こうすることで結露した水滴が飛び、ある程度ドライなスチームになるはずだ。そのとき、ワンドの先をクリーニング用クロスでふんわり包むと、まわりが汚れるのを最小限にできる。スチームは高温なので気を付けること。

スチームワンドを手前に引き、マシンに対して約45度の角度にする。

**2** ミルクピッチャーの注ぎ口を前方に向けて（注ぎ口にスチームワンドを持たせかけて支えにする）、ワンドの先端がミルクに浸るまでピッチャーを持ち上げるが、深くは沈めないこと。

ワンドをピッチャーの注ぎ口に入れたまま、ピッチャーを少しだけ横に傾ける。

スチームワンドを全開にする。

すぐにピッチャーを下げて、ワンドの先端がちょうどミルクの表面にくるようにする。ワンドがミルクの表面ぎりぎりになるようにしたい。お好みの量の空気を入れていくと、チリチリという音が聞こえてくるはずだ。

必要な量の空気が入ったら、すぐにピッチャーを少しだけ持ち上げて、ワンドがミルクに数cmだけ浸るようにする。

ワンドをピッチャーの底まで入れないこと。

**スチームミルクをつくる前にすること**：まずエスプレッソを淹れる。ミルクを泡だてている間は、そのまま置いておく。エスプレッソの味が落ちたり、はっきりとクォリティが下がったりすることはない。少し冷めるが、かなりの量のホットミルクで温められ、下がっていた温度がいい具合に調整されるはずだ。

**3** ミルク内に渦ができるようにすること。ピッチャーをさらに横に傾ける必要があるかもしれない。勢いよくミルクが攪拌されるようにする。

お好みの温度に達したら、スチームを止める。ピッチャーの側面に手を当てて温度を確認する人が多い。ほとんどの人の耐えられる温度が約55℃なので、ピッチャーを触っていて熱いと感じたところから3〜5秒続けるのが、大半のマシンでよい目安になる。お好みの温度にするのには試行錯誤が欠かせない。

スチームを止めたら、すぐにピッチャーを横に置いて、ワンドをきれいにする作業に移る。濡れた布巾でワンドからミルクをきれいに拭き取り、もう一度ドリップトレイ上にワンドを向けて、さっとスチームバルブを開き、残っているミルクを出してしまう。

**4** このスチームミルクはまだ注ぐ準備ができていない。ピッチャーの底をカウンターか調理台にトントンと何回かやさしく打ち付けよう。こうすると、残っていた大きな泡が弾ける（写真左上）。

大きな泡が弾けたら、ピッチャーを回すようにしてミルクを混ぜる。液体のミルクを上部の泡に混ぜ込みたいが、その過程で新しい泡を立てたくない。この回す動きは、ワイングラスをくるくるさせる、本格的なスワリングを思い起こさせる。ミルクが艶出し塗料のようになったら、注ぐ準備が整ったとわかる（写真右上）。

コーヒーに注いで味わおう。

**温度計**：スチームミルクをつくるときに使える温度計はいろいろあるが、安価なアナログ式の温度計ではたいてい時間がかかりすぎるし、あまり正確でもない。デジタル式の温度計はとてもよいが、みなさんにスチームミルクの温度を厳密に計るようお願いするのは行き過ぎた話かもしれない。私にとってもそれは同じだ。

## ミルク──問題解決のためのいくつかのアドバイス

ほとんどの人が抱える最大の課題は、望みどおりの質感を得ることでしょう。よくあるのは、マイクロフォームの中に思ったよりも大きな泡ができてしまうことです。いくつか原因を探ってみましょう。

工程中、空気が入るのが遅すぎると、第2段階（197ページ参照）で細かい泡にする時間が足りなくなります。ミルクに空気を入れるときは、もっと早い段階で多少は積極的になりましょう。

スチーム圧が十分ではない──部分的にしかバルブを開いていないと、ミルクの質感をよくするのがかなり難しくなります。マシンのパワーがスチームボイラーを加熱するのに十分でなく、きちんと高温にならないことも問題かもしれません。スチームワンドが強すぎると思ったら、特に少量のスチームミルクをつくる場合、同じ圧力でスチーム量が少なくなるよう、チップを取り替えるのをお勧めします。これはよく「ローフロー」のチップと呼ばれ、通常の製品より穴が少なかったり小さかったりします。100mL未満のミルクを使うことが多いようなら、ぜひ一つ手に入れてください。チップのねじ山は標準規格のものが多いので、交換パーツを見つけるのは難しくないでしょう。

他にも、ミルクの状態がよくないと、最初はいい感じに見える泡ができていても、すぐに弾けて大きな泡になってしまいます。ミルクを耳の近くに持っていくと、炭酸飲料のようにシュワシュワという音が実際に聞こえるでしょう。こうしたミルクは、味は悪くないでしょうが、たとえ賞味期限内でも他の用途に使ったほうが安全です。ミルクに含まれる脂肪分が分解されていて、泡がうまくできない可能性もあります。

6 おいしいエスプレッソの淹れ方

## エスプレッソを1杯……

| | |
|---|---|
| エスプレッソ | 204 |
| エスプレッソ・コン・パンナ | 205 |
| マキアート | 206 |
| エスプレッソ・ロマーノ | 207 |
| コルタード | 207 |
| ピッコロラテ | 208 |
| アメリカーノ | 208 |
| ロングブラック | 209 |
| カプチーノ | 209 |
| カフェラテ | 210 |
| フラットホワイト | 211 |
| カフェコレット | 212 |
| モカ | 213 |

# エスプレッソを使った飲み物と淹れ方

このセクションでは、エスプレッソをベースとした飲み物を厳選し、その背景にある考え方をお伝えします。

　ラザニアのレシピの決定版を提示できないように、カプチーノの淹れ方の決定版も提示できません。しかし、歴史と背景を少しでも知れば、そのレシピが目指しているものを理解でき、自分なりに理想とする飲み物をつくることができるでしょう。

### エスプレッソ

　エスプレッソとは、高圧力で抽出された、味の濃い少量のコーヒーです。味の濃さだけでなく、カップの上部にできるクレマという赤茶色の泡の層も特徴です。エスプレッソの発想は20世紀初めまで遡ります。その頃、蒸気圧を閉じ込め、コーヒーの粉に湯を迅速に押し出せる新しいマシンが登場し、味の濃いフィルター式のコーヒーをすばやく淹れられるようになりました。エスプレッソという名前は、英語と同じようにイタリア語でも「速い」と「押し出す」が同じ言葉であることに由来します。英語の「express」には、「express train（急行列車）」のように「速い」だけでなく、「押し出す」という意味もあります。

　現代のエスプレッソの登場は1948年まで遡ります。その頃、アキーレ・ガジアの名前を冠したエスプレッソマシンが生まれました。レバーで巨大なばねを圧縮し、そのばねを使って、ピストン機構を利用してコーヒーの粉に湯を通

すマシンです。このとき初めてエスプレッソが、約9バールかそれ以上のかなり高い圧力で抽出されました——特徴的な泡で覆われた飲み物も初めて生まれたのです。ガジアの客たちがコーヒーの上にある見慣れない泡をいぶかしく思ったため、ガジアはそれを「crema caffe naturale（ナチュラルなコーヒークリーム）」だと説明しました。これはガジアの天才的なマーケティングの発想です。

その後、スペシャルティコーヒーのムーブメントとしては、シングルよりもダブルエスプレッソが主流になったため、エスプレッソの淹れ方を定義するのが少し複雑になりました。焙煎業者やネット上で見かけるエスプレッソの淹れ方の大半が、ダブル・バスケットの使用を想定しているため、2杯のエスプレッソを1杯にして飲むことになるでしょう。そのため、標準的なイタリアンエスプレッソの淹れ方（シングル用）は、ネット上の話題からはかけ離れているようです。

**エスプレッソ・コン・パンナ**

エスプレッソに少量のホイップクリームが加えられ、シンプルながら、とてもおいしいです。少しかき混ぜてから飲むのをお勧めしますが、上に浮かんだ、きりっと冷たいクリームと、濃厚で熱いコーヒーが生み出すコントラストを楽しんでもいいでしょう。

## マキアート

マキアートは、イタリア語から訳すと「しみ」「しるし」となります。この飲み物はイタリアの混雑したエスプレッソバーで誕生しました。そこでは、手早く抽出され、カウンターに一列に並べられたエスプレッソを、客が取っていくことが多かったのです。もし客がミルクを少し多くしてほしいと頼むと、ちょっとした問題が起こりました。エスプレッソに浮かぶクレマによって、ミルク入りのものと見分けがつかなくなってしまったのです。この問題を解決するために、バリスタはミルクの泡を少量加え、ミルク入りのものにしるしを付けるようにしたのです。

現代に近づくと、マキアートも様変わりし、スチームミルクがカップの縁まで注がれたものもよくあります。そうなったのは、できるだけおいしくしようという動機より、バリスタが目立とうとして、小さなカップにラテアートをつくりたかったからです。最終的に、コーヒーとミルクの割合は1:1に近づきました。過去と現在、どちらのマキアートもとてもおいしいのですが、いまでは、どちらのタイプを指すのか、注文時に戸惑うことがあるでしょう。

コーヒー業界にさらなる混乱が起こっているのは、スターバックスでキャラメルマキアートが登場したからです。これはスターバックスで大ヒットしていますが、マキアートのあるべき姿に対して、最初の二つとはかけ離れた別の期待を抱かせることになりました。スターバックスのキャラメルマキアートは、キャラメルソースのしるし、あるいはしみの付いた大きなラテなのです。

エスプレッソ・ロマーノ

あまり見かけませんが、名前の響きが気に入ったなら、試してみてもいいでしょう。これは伝統的に、小さなレモンスライスか絞ったレモンの皮を添えたエスプレッソです。この飲み物を再現しようと思ったら、自分が飲んでいるエスプレッソのスタイルに合わせて、加えるものを選んだほうがいいでしょう。小さなレモンスライスを入れると、深煎りのコーヒーにほどよい酸味が加わりますが、浅煎りのコーヒーでは酸味が強すぎてバランスが悪くなってしまいます。絞った皮は酸味に影響をまったく与えず、レモンの香りがしっかり足されるため、おそらくスライスよりも無難な選択肢ですが、複雑で魅力的な芳香が加わるでしょう。

コルタード

こちらも、伝統的なものと現代風に解釈されたものとの間に、かなり大きな違いがあります。かつてこの飲み物は、スペインやポルトガルで最もよく見かけました。コーヒーとスチームミルクの割合は1：1で、エスプレッソより大きめのグラスで提供されます。そうした地域で淹れるエスプレッソのスタイルは、伝統的なイタリアのものより少し容器が深く、味も薄めです。それがこの飲み物の特徴です。

現代の専門店では、どんなものが出てくるのか、予測がつきません。エスプレッソとミルクの割合は1：1から最大で1：3になるでしょう。これは、バリスタがラテアートをつくるかどうかと関係することが多いです。

## ピッコロラテ

コーヒーの中には、イタリアでは見かけないし提供もされないような飲み物の名称にイタリア語が使われていることも珍しくありません。ピッコロラテはその好例です。イタリア以外で生まれたはずなのに、本物らしさを醸したり期待感を生んだりするために、イタリア語の名前が付けられたのでしょう。名前からして小さなカフェラテですが、まさしくそのとおりのものが出てきます。ほとんどの場合、グラスで提供され、コーヒーとミルクの割合は1:3から1:4です。飲み物の上に薄い泡の層をつくるために、スチームミルクが使われています。

## アメリカーノ

第二次世界大戦後、イタリアに駐留したアメリカ兵がエスプレッソを薄めてほしいと頼んだという逸話があります。とはいえ、私たちが知っているようなエスプレッソが誕生したのは1948年であり、それから数年かけて広まりました。この名称になったのは、薄めたエスプレッソがフィルターコーヒーの濃さに近く、アメリカ人好みのコーヒーを連想させたからでしょう。

アメリカーノをつくるには、1〜2杯のエスプレッソを湯で薄めます。先に湯を入れてからエスプレッソを入れても、逆にしても、味に大きな違いはありません。私が湯を先に入れるのを好むのは、そのほうが見た目がよいからです。飲む前にアメリカーノの上部からクレマをすくいとろうとしたことがないなら、やってみたほうがいいでしょう。そうすると、適度に苦味が軽減され、おいしくなります。アメリカーノにおけるコーヒーと水の割合は、通常1:3から1:6ですが、人それぞれ好みが違います。

## ロングブラック

　このコーヒーはアメリカーノと酷似していますが、まったく違う土地で生まれました。ロングブラックはオーストラリアやニュージーランドでポピュラーです。伝統的に、かなり多めの豆を使い、ダブルリストレット（リストレットについては156ページを参照）で抽出されます。当時ポピュラーだったエスプレッソのスタイルです。そのため、味が濃く、豊かで、コクがあります。割合は1：3から1：4が一般的です。

## カプチーノ

　典型的なイタリアの飲み物のようですが、起源はオーストリアにあります。1800年代後半、古いウィーンのコーヒーハウスには、「kapuziner（カプツィーナ）」という飲み物がありました。ウェイターは、カプチン会修道士のマントと同じ茶色になるまで、コーヒーとミルクを混ぜました。かなり変わった色選びですが、コーヒーハウスの外でも特別な色合いの茶色とされていたのです。色により、客はコーヒーの濃さと好みのフレーバーを指定しました。

　エスプレッソマシンの人気が高まると、スチームを使って、ミルクを温め、泡だてる習慣も広まりました。カプチーノの基本的な考え方は変わらず、濃厚なコーヒーフレーバーのある、コーヒーとミルクの飲み物でした。

　カプチーノはエスプレッソが1、ミルクが1、泡が1の割合であるべきだという3分割法も生まれました。わかりやすく簡単そうですが、これだと、伝統的なシングルショットのカプチ

ーノは約75mLの飲み物になります。でも、実際はそうでなく、そうだったこともありません。泡とミルクが均等になるように泡だてて、エスプレッソと混ぜるとよいという意図だったのではないでしょうか（カプチーノは、エスプレッソに泡とミルクを同量混ぜたものだという表現は、紛らわしいけれど正しいのです）。イタリアのほとんどの地域では、シングルショットのカプチーノは150mLのカップで提供され、そこには魅力的なムース状の泡でできた厚い層があるため、コーヒーのフレーバーが薄まりすぎません。最も一般的なレシピは、コーヒーとミルクが1：3から1：4の割合で、上部に最低でも1～2cmの泡が載っているのが理想です。

現在のコーヒー専門店では、カプチーノの定義があいまいになり、泡の量もさまざまで、味の濃いものを少量、提供するところも多いです。大規模なチェーン店では、巨大な泡の怪物のようなカプチーノも販売されています。

### カフェラテ

ただ「ラテ」と言うのではなく、「カフェラテ」と注文すると気どった感じがするかもしれませんが、イタリア旅行に行き、ラテと注文したら、グラスに入ったミルクが出てきた人の話をたくさん耳にします。なので、私は正式名称で言うようにしています。多くのイタリア人バリスタが混乱するのは、カフェラテがイタリアではあまり一般的ではないことと、もともとイタリア発祥のものではなさそうで、あとになってイタリアっぽい名称になったことが関係しているからです。

カフェラテの発想はシンプルです。少しコーヒーフレーバーのする、ミルクたっぷりの甘い飲み物なのです。これは悪いものではありませんが、それほどコーヒー好きではない人のための飲み物という汚名は、残念ながらいまでも根強く残っています。その汚名にもかかわらず、おそらく世界でも最も人気のあるコーヒードリンクでしょう。

スーパー自動マシンの台頭によって、まずミルクを入れて、そのあとエスプレッソを静かに注ぐラテマキアートの人気が高まっています。イタリアでも見かけたことがありますが、家庭でモカポットを使ってつくることが多いでしょう。

ほとんどのラテには、エスプレッソがダブルショットで入りますが、ミルクが入るよう大きなカップで提供され、それほど多くはありませんが、少しだけミルクの泡があるのがふつうです。コーヒーとミルクの割合は1：4から1：7です。

### フラットホワイト

フラットホワイトの起源については、オーストラリアとニュージーランドの間で論争の種が残っているので、オセアニア地域がルーツだと言っておくほうが無難でしょう。スペシャルティコーヒーが台頭してきた頃、さまざまな地域で、フラットホワイトは現代のムーブメントの旗手になり、メニューに載っていることが驚くほど、良質の店の証しになりました。しかし、ほどなくして、チェーン店や品質にあまり興味のない店に目をつけられてしまいました。

どのように誕生したのかを考えてみると、この飲み物のまた違う姿が見えてきます。もともとフラットホワイトは、波の花のように多くの泡が盛られたカプチーノの台頭に対するものとして、生まれたのでしょう。求められたのは、ふんわりとしたミルク入りコーヒーではなく、スチームミルクを平らに載せたホワイトコーヒーでした。こうしてフラットホワイトが誕生し、小さくて味の濃いラテと呼ぶのにふさわしい飲

み物へと少しずつ進化していったのです。

フラットホワイトは、ふつう150〜180mLより多いことはありません。ダブルエスプレッソと、薄い泡の層ができるまでスチームされたミルクを使うフラットホワイトには、ラテの滑らかな舌触りとカプチーノの持つコーヒーの刺激が合わさっています。コーヒーとミルクの割合は、濃厚な1：2、場合によっては1：4になりますが、1：3が一般的です。

**カフェコレット**

このリストの中で、これだけは他の国よりイタリアでよく飲まれています。少しだけアルコールが入っていたり、添えられたりして提供されるエスプレッソにふさわしく、カフェコレット※という名前なのもすばらしいです。エスプレッソにブランデーやグラッパなどの蒸留酒が少量添えられて提供されるのをよく目にします。コーヒーは夕食後や少量の砂糖と一緒に飲むことが多いのですが、飲み干してほとんど空になったカップにお酒を注ぎ、かき混ぜてから飲みます。これは楽しい儀式のようなものですが、味という点からも相乗効果があります。また、消化を助けるためのちょっとした温かいカクテルとして、すでにお酒がコーヒーに注がれた状態で提供されるのも一般的です。

※ コレットは「味を加えた」という意味

## モカ

どのような経緯でこの名称になったのかは、よくわかっていません。ホットチョコレートにエスプレッソを1〜2杯入れた飲み物です。チョコレートはコーヒーと同じぐらい複雑で魅力的なものですし、作り手の職人技によるフレーバーだけでなく、テロワールにもあふれていますが、文化的に批判され、不当にも「本格的なものではない」と切り捨てられる飲み物でもあります（まるで、本格的かどうかが満足感や品質を示す指標であるかのようです……）。モカという呼び名はイエメンのモカ港が由来のようです。コーヒーの歴史において、早くから人気のあった豆の組み合わせは、モカジャバブレンドです。当初、このブレンドには、モカとジャワという、二つの産地のコーヒーが含まれていましたが、やがて、他の産地の素朴でチョコレート風味の豆を表す形式的な略語になりました。どういうわけか、それが現在のような飲み物に変化したのです。

モカには決まった割合はありません。チョコレートの味が強いものもあれば、コーヒーが前面に出ていて、チョコレートのコクによって甘く豊潤な仕上がりになっているものもあります。最近では、表面にラテアートがあるものがほとんどですが、もっと自由な発想で、自分の好みを求めて試行錯誤できそうです。

## 他にも……

もちろん、他にも人気のある飲み物や淹れ方はたくさんあります。ビチェリン、マジック、ジブラルタル、レッドアイなどのセクションも設けられたらよかったのですが……。地域色が強くておいしいエスプレッソの飲み物もあるので、そうしたものを見つけて試すのも旅の醍醐味です。珍しい飲み物を提供するバリスタは、それがどんな飲み物か、どうやってつくるのかを喜んで語ってくれるでしょう。しかし、ここでそれらを網羅してリスト化すると、本書は研究書のようになり、読みにくくなってしまいます！

# 器具のクリーニングとメンテナンス

器具のクリーニングについては、マシンはいくらきれいにしてもしすぎることはないという考え方と、労力対効果の問題との間に、ちょっとしたジレンマがあります。

1日も欠かさずしっかりクリーニングすると、マシンも味蕾も喜ぶでしょうが、はたして時間の使い方としてそれがベストでしょうか?

カフェに規則や推奨事項があるのは、そのマシンが毎日、四六時中使用されるため、不快なフレーバーがどんどん溜まっていかないよう、日中だけでなく、1日の終わりにも確固としたルーティンが必要だからです。ただし、家庭用のマシンに同じことは当てはまりません。ここで、マシンのクリーニングが必要な理由、その方法、自分の環境に最適なクリーニング習慣の決め方をお伝えします。

## エスプレッソマシン

他のどんなコーヒー用の器具と比べても、エスプレッソマシンのクリーニングがより必要な理由は、いくつかあります。まず、ほとんどのエスプレッソマシンでは、抽出口から圧力を逃がすという性質上、マシン内部にコーヒーかすが残ります。9バールの圧力で抽出しているとき、コーヒーの粉にはかなりの圧力がかかります。抽出後、安全にハンドルを外すために、ほとんどのエスプレッソマシンには、抽出口から排水管、ドリップトレイへと圧力を逃がすためのバルブが付いています。このように圧力を逃がすと、1杯淹れ終わったあと、コーヒーの粉の量が少ないバスケットはどろどろになり、ぐちゃぐちゃになっています。さらに抽出口に向けて押し上げるように減圧されると、どうしても粉が爆発したようになってしまいます。内部に空間が広がっているほど、ひどく散らかるのです。

このように上方向に圧力を逃がすと、残った液体のコーヒーだけでなく、コーヒーの粉の細かい粒も抽出口に引っぱられます。かなり高温の抽出口では、こうした残留物がすぐに乾き、こびりつきはじめます。そのあとすぐに抽出口から湯を出して洗い流すのが効果的ですが、それでもいくらかこびりついてしまうでしょう。すぐに洗い流しておくのを忘れてしまいがちですが、多くのエスプレッソマシンは、1杯淹れたあとも(たとえば、スチームミルクをつくる間)、しばらく電源が入っています。コーヒーをたくさん淹れるほど、かすは増え、抽出口の内部で煮詰められる時間が長いほど、湯だけでは除去しにくくなり、その後に淹れるエスプレッソに嫌な味が加わっていきます。

抽出口をきちんと洗浄するには、まずシャワー・スクリーンを取り外す必要があります(自分のマシンで簡単にできる場合の話です)。これは中央のねじで所定の位置に止めてあることが多いため、そこを外すと、メッシュのスクリ

ーンが落ちてきます。抽出中に湯をパック全体に行き渡らせるための金属の部品もあるかもしれません（ディスパージョン・ブロックなどと呼ばれます）。これらをシンクに持っていき（高温なので注意してください）、洗剤を使ってきれいに擦り洗いします。食器洗い用の洗剤でかまいませんが、理想としては、あまり香料の入っていないものがお勧めです！　ディスパージョン・ブロックと接する抽出口の内側からも、かすをきれいに除去します。抽出口のラバー・ガスケットにも粉が残らないようにしましょう。

すべてのパーツをもとに戻したら、エスプレッソマシン用の洗浄剤で、バックフラッシュという洗浄作業をします。エスプレッソマシン専用の洗浄剤が少量と、ポルタフィルター用の穴の開いていないブラインドバスケットも必要です（自分のマシンにブラインドバスケットが付属していないなら、いったん本書を閉じて、すぐにネットで購入しましょう）。

バックフラッシュするうえで覚えておいていただきたいことがあります。洗浄が行われるの

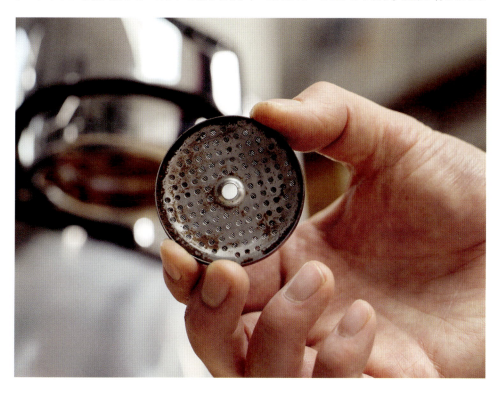

6 おいしいエスプレッソの淹れ方

は、ほぼ抽出口が動いていないときだということです。まず、抽出口にポルタフィルターを固定してポンプを作動させると、パウダーが溶けはじめますが、バスケットから洗浄剤があふれてくることはほとんどありません。ポンプを停止させると、溶けた洗浄液が抽出口内にせり上がり、かすに作用しはじめます。一般的には、5秒間スイッチを入れて、10秒間切るサイクルを5、6回繰り返すことから始めるといいでしょう（マシンがひどい状態ではない場合です）。そのあと、ハンドルを取り外し、中身を捨ててからすすぎ、もう一度取り付けて、きれいな水で洗浄します。電源を5秒間オンにし、5秒間オフにするのを5回ほど繰り返してください。抽出スイッチを押して、変色が見られたり化学薬品っぽい匂いがしたりするようなら、さらにすすぎを続けます。

現実問題として、この一連の作業をどれくらいの頻度で行ったほうがいいのでしょうか？冒頭でも触れたように、毎日行うべきだという意見もありますが、1日2〜3杯しか淹れないのなら、それでは行き過ぎでしょう。毎日、湯を空出しして洗い、使用状況に応じて、2日または3日、あるいは5日もしくは7日に1回、洗浄剤を使ってきれいにすることをお勧めします。人によって状況が異なるため、これが正しい頻度だと言いきることはできません。目安としては、ディスパージョン・ブロックやシャワー・スクリーンを外したとき、見て嫌な感じがするかどうかです。そう感じたら、もう少し頻繁にクリーニングしたほうがいいでしょう。

### グラインダー

グラインダーを掃除する頻度は、使用しているグラインダーのタイプと機種にある程度左右されます。かなり細かい粉がすぐに溜まってしまうものもあります。そうした場合、グラインダーが思いのほか熱を持ち（コーヒーの粉はすばらしい断熱材です）、抽出時に不快な味が加わってしまいます。また、頻繁に開けられるようにつくられている機種もあり、グラインダー

の機能や品質を損なうことのないよう、部品を傷付けたり、もとに戻らないようになったりするリスクを最小限に抑えてくれています。

グラインダーの刃やチャンバー（粉砕室）を掃除する方法として、生米の使用が勧められているのを目にしたことがあるかもしれません。私はこの方法を勧めているグラインダー・メーカーを見たことがないのですが、試してみたいのなら、保証が無効になるのを承知のうえ、自己責任で行ってください。コーヒー豆の形をした洗浄剤も見かけます。これはとても効果的ですが、日常で使うには高価すぎるかもしれません。

もし心理的に抵抗がないのなら、いちばんいいのは、チャンバーを開けて、残っている粉を掃除機で吸い込んだあと、小さなブラシを入れて、こびりついたものを除去する方法でしょう。コーヒーの粉がチャンバーから出ていくシュート（粉の出口）に特に注意してください。グラインダーのチャンバー内にねじ山がある場合、コーヒーの粉がねじ山に入らないよう細心の注意を払いましょう。悲劇的なことになりますから。グラインダーを全開にするのは気が進まないようなら、たまにしっかりと掃除機で吸い込むだけでも少しは違いますし、圧縮されたり溜まったりしているコーヒーの粉を、目視できる範囲で、ブラシで取り除きましょう。

グラインダーの外部パーツは日頃からきれいにしておいたほうがいいです。お持ちのグラインダーにホッパーが付いている場合、中煎りや深煎りの豆を挽くと、ホッパーに驚くほどすぐ油分が層になって付きます。これはすぐに酸化してひどい匂いがするようになるので、放置しないようにしましょう。ホッパーを簡単に取り外せるようなら、洗剤液でよく洗い、しっかりすすいで完全に乾かしてから、もとに戻しましょう。

**抽出器具**

コーヒーを抽出するマシンを清潔に保つのは比較的簡単です。見落とすことが多いのは、抽出バスケットの底とサーバー（お手持ちのマシンに付属している場合）です。使われる素材は濃い色をしているものがほとんどなので、フィルターバスケット内や、マシンによってはその底にあるバルブ周辺にコーヒーかすが付着しているのを見落としがちです。洗剤を付けたスポンジで少しこすって洗い流す必要があります。

簡単なので、忘れないようなら毎週行うのがいいでしょう。

　サーバーは手で洗うのが難しい場合が多いようです。ほれぼれするほどきれいな状態に戻すには、サーバーの中に、エスプレッソマシン用のクリーナーを山盛りで大さじ（他の用途にも使いたいならコーヒースクープ）1杯分入れて、熱湯でいっぱいにするのがいちばんの方法です。湯を注ぐと完全に溶けるはずなので、そのまま数時間（ひと晩でもかまいません。まったく問題ないはずです）浸けておき、きれいにすすぎます。ほとんどの場合、これで新品のようになります。

## 石灰鱗の除去

　コーヒーの抽出に使う水の話は簡単ではないので、詳しくは41〜48ページの水に関するセクションを参照してください。残念ながら、コーヒーの抽出に最適な水と石灰鱗ができる水は一部重なります。そのため、器具を持つと石灰鱗の除去もする必要があります。適切な頻度で石灰鱗を除去しているなら、その工程はまったく大変ではありません。安価で、驚くほど簡単に購入でき、口に入っても安全なので、クエン酸をお勧めします。私はいつも5％のクエン酸溶液をつくっていますが、頻繁に石灰鱗を取っていたり、石灰鱗のできにくい水を使っていたりするなら、もっと濃度が薄くてもかまいません。その溶液でマシンを満たし、電源を入れます。コーヒーメーカーなら抽出を1通り行いますが、エスプレッソマシンの場合、マシンが温まったら溶液を流し出せます。溶液をすべて流したら（1Lから始めるといいでしょう）、最低でも1Lのきれいな水を流しましょう。この段階の最後に出てきた水の味を確かめ、柑橘系のピリッとした味がしたら（これが口に入れても問題ない除去剤を使う理由です）、さらに水で洗い流します。

　長期間、石灰鱗の除去を行っていない場合、マシンによっては大きな欠片が剥がれ落ち、マシンの油圧回路の狭い箇所に詰まることがあります。最終的には溶けるでしょうが、問題が起こった場合、専門家に依頼して、詰まっている部分を取り外し、手作業で洗浄したあと、またもとに戻してもらうことになるかもしれません（あるいは、その気になったら自分でやってみてもかまいません。ただ、エスプレッソマシンを開けて分解すると保証が無効になりますし、電化製品をいじくりまわすのは、知識がない場合にはかなり危険なので注意してください）。

　かなり硬度の低い軟水を使っていたとしても、1年に1度は石灰鱗の除去をしたほうがいいでしょう。硬水を使っているのであれば、もっと頻繁に行いましょう。

6 おいしいエスプレッソの淹れ方

# 索引 *おもなページを記載

## あ

| | |
|---|---|
| RO浄水器　*表記は「逆浸透膜（RO）浄水器」 | 47 |
| アイス・エスプレッソ・ドリンク | 138 |
| アイスコーヒー | 133、134、136、138 |
| アッティオ・カルマーニ | 99 |
| 圧力プロファイル／圧力プロファイリング | 163、164、170、172 |
| アメリカーノ | 138、208、209 |
| アラン・アドラー | 116、119 |
| アルカリ度 | 42〜45、47 |
| アルフォンソ・ビアレッティ | 125 |
| アロマ | 72、74、78、79、88 |
| ウォッシュト | 28、29 |
| エアパージ型容器 | 63 |
| エアロプレス | 65、87、90、116、118、119、127、133、136 |
| エイジング | 14、19 |
| エスプレッソ・コン・パンナ | 205 |
| エスプレッソ・ロマーノ | 207 |
| エプソムソルト | 47 |
| オートミルク | 193 |
| 温度サーフィン | 173、177、188 |
| 温度調整付きドリップケトル | 65 |
| 温度プロファイル／温度プロファイリング | 162、173、176 |

## か

| | |
|---|---|
| カスタムウォーター | 47 |
| 活性炭フィルター | 41 |
| カトゥアイ | 30 |
| カフェイン | 6、50、141 |
| カフェコレット | 212 |
| カフェティエール | 99 |
| カフェラテ | 208、210 |
| カプチーノ | 147、177、193、196、204、209〜212 |
| カラフェ | 67 |
| カリタ | 108 |
| 揮発性物質 | 12 |
| 揮発性芳香族化合物／芳香族化合物 | 12、74 |
| 揮発性有機化合物／揮発性化合物 | 72、74 |
| 逆浸透膜浄水器　*表記は「逆浸透膜（RO）浄水器」 | 47 |
| キャニスター | 16、63 |
| 嗅覚 | 72 |
| 嗅球 | 12、72、74 |
| 均一性 | 91、95、101 |
| グースネックケトル | 64 |
| クエン酸 | 128、218 |
| クックトフルーツフレーバー | 33 |
| 屈折計 | 88、95 |
| グラインダー | 15、54、56〜60、158、183〜185、216、217 |
| クレバードリッパー | 112 |
| クレマ | 14、148、154、155、204、206、208 |
| ゲシャ | 30、31 |
| ケトル | 64、65 |
| ケニア | 27 |
| ケメックス | 111 |
| 硬水 | 41、42、45、47、218 |
| コーヒーメーカー | 90、128、129 |
| コールド・ブリュー | 133、140、141 |
| コスタリカ | 27 |
| ゴットローブ・ビドマン | 128 |
| コナ | 30 |
| コニカル（刃） | 56 |
| コルタード | 207 |

## さ

| | |
|---|---|
| サード・ウェーブ・ウォーター | 45、47 |
| サーバー | 67 |
| サーモサイフォン | 176 |
| サーモブロック | 173、176、180 |
| サイフォン | 120、123 |
| 酸敗 | 12 |
| 酸味 | 24、32、33 |
| 脂質 | 12 |
| 質感 | 32、101、190、193、195〜197、200 |
| ジャンヌ・リシャール | 120 |
| 重曹 | 47 |

| | | | |
|---|---|---|---|
| 手動グラインダー | 60 | 抽出比率 | 114、154〜156、161 |
| 手動式マシン | 168、170 | 抽出率 | 88、89、92、161 |
| 浄水器 | 41〜44、47 | ディストリビューション | 183、185 |
| 消費期限 | 18、19 | デジタルスケール | 50、155 |
| 賞味期限 | 18、19 | 手挽きミル | 60 |
| 蒸留水 | 42、45、47 | デュアルボイラー | 174、177 |
| 真空ポット | 120 | 豆乳 | 193 |
| 真空容器 | 63 | ドーシング | 183、184 |
| シングルカップ用抽出器具 | 116 | ドリップケトル | 64、65 |
| シングルドース | 58、184 | ドリップコーヒー | 14、65、76、88、128 |
| シングルボイラー | 176、180 | トレーサビリティ | 27、31 |
| 浸漬式 | 65、101、112 | トロピカルフルーツフレーバー | 32 |
| 浸漬・透過式 | 112 | | |
| 水質 | 43〜45、47 | **な** | |
| 水洗式 | 28 | ナポレターナ | 125 |
| スーパーテイスター | 72 | 軟水 | 41、42、45、47、218 |
| スケール | 47、50、53、92、180 | 苦味 | 22、24、33 |
| スターバックス | 22、24、206 | 苦味と酸味の混同 | 153 |
| スチームミルク | 180、181、190、193、195、196〜200 | 二酸化炭素 | 12、154 |
| | | 日本式アイスコーヒー | 133 |
| ステップト | 57 | ネイキッド・ポルタフィルター | 164、189 |
| ステップレス | 57 | 熱交換器 | 176、177 |
| スマート機能 | 181 | | |
| スマートスケール | 53、180 | **は** | |
| 精製 | 20、27、28、153 | 刃 | 54、56〜58、60、158、217 |
| 石灰鱗 | 41、42、128、218 | バーグラインダー | 54、56、57、92、95 |
| Zero Water | 44、47 | 焙煎度 | 22、24、43、50、94、115、119、153、161 |
| 洗浄剤 | 99、123、127、128、215〜217 | バイブレーションポンプ | 162、171、172 |
| 鮮度 | 12、14〜15、18、58 | はかり | 47、50、180 |
| ソイミルク | 193 | 発酵の風味 | 28、32 |
| | | ハニープロセス | 28 |
| **た** | | ばね付きレバー式マシン | 170 |
| ダイヤル調整 | 150 | ハリオV60 | 102 |
| 脱ガス | 12 | パルプド・ナチュラル | 28 |
| ダブルエスプレッソ | 205、212 | ハンドドリップ | 64、65、92、107、133、134 |
| 炭酸ガス | 12、14、63、104、154、155 | ピーター・シュラムボーム博士 | 111 |
| タンピング | 183、186、187 | 比較テイスティング | 76、81 |
| チャネリング | 92、150、151、164、165、189 | ビゴマート | 128 |
| チャンバー ＊もとは「小さな部屋」の意 | 118、119、163、164、170、217 | ピッコロラテ | 208 |

索引 **221**

| | |
|---|---|
| 平底ドリッパー | 108 |
| 品種 | 31、153 |
| ブラウニングフレーバー | 33 |
| フラット（刃） | 56 |
| フルーティ（フレーバー） | 32、80 |
| ブルーミング | 14 |
| ブルボン | 30、31 |
| プレ・インフュージョン | 163、164 |
| フレーバー | 32、33、72、74、75、78〜80、88、89、91、92、94 |
| フレーバーノート | 32 |
| フレンチプレス | 65、76、87、90、92、94、99〜101 |
| プロペラグラインダー | 54、91 |
| 保存 | 14、16、63 |
| ホット・ウィスク | 197 |
| ホッパー | 58、184、217 |
| ポルタフィルター | 50、166、181、185、186、215、216 |
| ポンプ圧 | 162、165、168、172 |

## ま

| | |
|---|---|
| マキアート | 206、211 |
| マキネッタ | 125 |
| 水 | 41〜45、47、48 |
| 未抽出と過抽出 | 89、91 |
| 密閉容器・バルブ付き容器 | 63 |
| ミネラル | 41〜45、47 |
| ミネラルウォーター | 42、45、48 |
| ミル | 15、54、60 |
| 蒸らし | 14、50、103、104、108、129、163 |
| メッシュ調整 | 150、151 |
| メリタ・ベンツ | 107 |
| モカ | 213 |
| モカポット | 90、119、125、127、148、211 |

## や

| | |
|---|---|
| やかん | 41、42、64 |
| 湯の温度 | 94、140、173 |

## ら

| | |
|---|---|
| ラ・カフェティエール | 99 |
| ラテアート | 196、206、207、213 |
| リストレット | 156、209 |
| 粒度 | 56、57、90、91 |
| 流量 | 150、163〜165、178、180 |
| ロエフ | 120 |
| ロングブラック | 209 |

## わ

| | |
|---|---|
| ワンド | 180、196〜200 |

## 謝辞

　本書の刊行を実現させるために尽力してくれたマイケルとメリンダに、大きな感謝の気持ちを捧げます。二人の協力がなければ、本書は刊行されなかったでしょう。出版社オクトパスのみなさんも、文章を形にし、美しい本に仕上げるために大きな力を貸してくれました。また、インスピレーションや興味をそそられる会話、そしておいしいコーヒーをもたらしてくれた、スクエア・マイル・コーヒー・ロースターズのチームにもお礼を。
　そして最後に、家族にも感謝します。

原書アートディレクター
ジュリエット・ノースウォーシー

原書デザイン
レオナルド・コリーナ、リジー・バランタイン

撮影
クリスチャン・バーネット

イラスト
クレア・ハントリー

写真提供
Alamy Stock Photo: Carlos Mora 29; J Ruscello 30 below left; JG Photography 13; ry3bee/Stockimo 30 above left.
Cristian Barnett/Octopus Publishing Group: 23, 51, 54, 64, 102, 159, 191.
Dreamstime: Lucy Brown 30 above right.
iStock: freedom_naruk/iStock 34–35.
James Hoffmann: 14, 43, 44, 56–59, 66, 86, 94b, 98, 106, 107, 110, 113, 124, 129, 134, 149, 155, 158, 182–189, 197, 217.
Shutterstock: Jess Kraft 26; Laura Vlieg 30 below right; Rachata Teyparsit 18.

## 著者
### ジェームズ・ホフマン　James Hoffmann
1979年、イギリス・イングランドのスタッフォード生まれ。ダラム大学卒業。2006年にUK・バリスタ・チャンピオンシップで優勝し、翌年も優勝して2連覇を達成。2007年に東京で開催されたワールド・バリスタ・チャンピオンシップで優勝し、イギリスのサード・ウェーブ・コーヒーのパイオニアと呼ばれるようになる。翌年にスクエア・マイル・コーヒー・ロースターズを共同設立、2010年のワールド・エアロプレス・チャンピオンシップを主催して出場。著書に『ビジュアル スペシャルティコーヒー大事典』(日経ナショナル ジオグラフィック) などがある。

## 監修者
### 井崎英典　Izaki Hidenori
1990年、福岡県生まれ。法政大学国際文化学部卒業。2012年に史上最年少でジャパン・バリスタ・チャンピオンシップで優勝し、翌年も優勝して2連覇を達成。2014年、ワールド・バリスタ・チャンピオンシップでアジア初の優勝を飾る。コーヒーコンサルタントとして、国内外で広く活躍し、日本マクドナルドの「プレミアムローストコーヒー」などの監修も手がけている。著書に『世界のビジネスエリートは知っている教養としてのコーヒー』(小社)、『ワールド・バリスタ・チャンピオンが教える 世界一美味しいコーヒーの淹れ方』(ダイヤモンド社) などがある。

## 訳者
### 牛原眞弓　Ushihara Mayumi
兵庫県生まれ、大阪育ち、神戸大学文学部卒業。英語翻訳者。訳書に『人生が変わる 血糖値コントロール大全』(かんき出版)、『SuperAgers スーパーエイジャー 老化は治療できる』(CCCメディアハウス)、『ジェームズ・クリアー式 複利で伸びる1つの習慣』(パンローリング)、『日本の酒 SAKE』(IBCパブリッシング)、『英語で読む そして誰もいなくなった』(IBCパブリッシング)、『アナと雪の女王 エルサとアナ 真実の物語』(学研プラス) などがある。

## 訳者
### 酒井章文　Sakai Akifumi
東京都生まれ、武蔵野美術大学造形学部中退。英語翻訳者。訳書に『小さな家の大きな暮らし』(パイインターナショナル)、『たった30日で「プロ級の絵」が楽しみながら描けるようになる本』(東洋経済新報社)、『Zero to IPO 世界で最も成功した起業家・投資家からの1兆ドルアドバイス』(翔泳社)、『起業マインド100』(サンマーク出版) などがある。

ブックデザイン／大悟法淳一、永瀬優子、柳沢 葵
　　　　　　　(ごぼうデザイン事務所)
翻訳協力／リベル
校正／曽根信寿、ヴェリタ
編集／田上理香子 (SBクリエイティブ)

---

## 最高においしいコーヒーの淹れ方

2024年12月25日　初版第1刷発行

| | |
|---|---|
| 著　者 | ジェームズ・ホフマン |
| 監修者 | 井崎英典 |
| 訳　者 | 牛原眞弓・酒井章文 |
| 発行者 | 出井貴完 |
| 発行所 | SBクリエイティブ株式会社 |
| | 〒105-0001　東京都港区虎ノ門2-2-1 |
| 印刷・製本 | 株式会社シナノ パブリッシングプレス |

---

本書をお読みになったご意見・ご感想を
下記URL、下記QRコードよりお寄せください。
https://isbn2.sbcr.jp/23975/

乱丁・落丁本が万一ございましたら、
小社営業部まで着払いにてご送付ください。
送料小社負担にてお取り替えいたします。

©リベル・井崎英典　2024　　Printed in Japan
ISBN 978-4-8156-2397-5